좋은 아버지 수업

사랑에 서툰 아버지들을 위한 아버지다움 공부!

좋은 아버지 수업

임정묵 지음

좋은날들

아이와 부모는
함께 걸어가는 존재입니다

아버지 노릇하기 참 힘든 세상입니다.

왜 이리 아버지에게 바라는 게 많은지요! 가장 본연의 의무 외에도 요구되는 역할이 하나둘이 아닙니다. 아내와 아이들에게 다정다감해야 하는 것은 물론 가사를 돕는 건 아예 기본 덕목입니다. 모처럼 쉬는 날에는 식구들 데리고 콧구멍에 바람이라도 넣어주지 않으면 '무심하다'는 소리가 바로 나오지요.

그러면서 옛날 아버지들처럼 제대로 대우해주지도 않습니다. 아버지의 근엄함을 인정하기는커녕, 그런 말 하면 오히려 '겁을 상실한 남자' 취급을 하지요. 아버지로서 위엄이 없다 보니 아이들이 저 옳다고 우겨댈 때에도 어찌할 방법이 없습니다.

가정 바깥의 분위기 또한 설상가상이지요. 예전 같은 직장 분위기는 이제 찾을 수 없습니다. 연공서열은 온데간데없어지고, 윗사람 눈치 보기에도 바쁜데 아래에서는 계속 치고 올라올 궁리만 하지요. 결국 설 자리가 차츰 사라져 '꺾여진 아버지'의 가련한 모습으로 남는 게 대다수 요즘 아버지들 처지입니다.

그에 비하면 저는 복이란 복은 다 가지고 태어났습니다. 적어도 우리 집에서만큼은 무소불위의 권력을 휘두르고 있어 "간이 배 밖으로 나왔다."라는 말을 수시로 듣지요. 어머니는 팔십을 훌쩍 넘기셨어도 아들과 '전면전쟁'을 불사할 정도로 기력이 좋으시고, 안사람은 '고맙게도' 여전히 저를 믿고 함께 살아주고 있습니다. 두 아이들도 싫은 내색은 하지만 제 말을 잘 따르는 편입니다. 어릴 적 아버지께 '두 개의 천운을 쥐고 태어난 사주'라는 말을 들은 적이 있는데, 그 축복이 계속되어 저는 아직 '꺾이지' 않고 있는지도 모르겠습니다.

마음을 기댈 곳 없는 요즘 아이들

그런데, 나이 오십에 접어들면서 제가 많이 부족하다는 사실을 새삼 느낍니다. 이제껏 행운만 따랐지 실력은 그저 그랬던 것 같고, 겉보기와 달리 내면이 많이 비어 있음을 알게 된 것이지요. 주위 사람들에게 상처도 많이 준 것 같습니다. 이 나이 때가 되면 으레 겪는 우울증 때문이 아니었습니다. 어느 날부터인가, 저는 '가 큰 아버지' 노릇하기가 창피해졌습니다.

　우리가 자라면서 느낀 아버지의 모습과 요즘 아이들이 느끼는 좋은 아버지의 모습은 많이 다른 것 같습니다. 우리 어릴 적에는 아버지 말씀이 곧 법이자 거역하지 못할 준엄한 명령이었습니다. 하지만 지금은 웬걸요. 아이들에게 준엄하게 꾸짖는 아버지 흉내를 내다가는 집안이 풍비박산 나는 상황에 빠질지도 모를 일입니다.

　그런 한편, 요즘 아이들도 예전 우리 때와는 많이 다르지요. 학교에서 아이들과 이야기를 나눌 때 느끼곤 합니다만, 자신감을 잃어가고 있는 친구들이 너무 많습니다. 마음이 참 아프지요…….

　자세히 들여다보면 그들 마음속에서 독버섯처럼 자라고 있는 '괴물'을 보게 됩니다. 세상은 불평등하고 불의에 가득 차 있다, 라고 생각하게 만드는 괴물이지요. 저 역시 한때나마 그 괴물을 키운 경험이 있기에 아이들이 더욱 걱정됩니다. 아마도 세상은 물론, 자신을 온전히 바라보기조차 힘겨울 것입니다. 저도 마음이 참담했을 때는 주위가 온통 지옥으로 보였으니까요.

　마음을 좀먹는 그 괴물에게 영양분을 뺏긴 아이들은 점점 무기력해질 수밖에 없습니다. 행복을 위해 저마다의 만족스런 삶을 찾아 열심히 뛰어다녀야 하건만, 세상에 나가기도 전에 기초 체력이 몽땅 소진되고 맙니다. 훗날 우리가 떠난 자리를 채워야 할 아이들인데 말입니다. 급기야 마음이 너무 힘들어 지친 아이들은 세상과 담을 쌓기 시작합니다. 그러고는 집에 틀어박혀 스트레스를 풀 대상을 찾기 시작하지요. 자신의 하소연을 SNS에 여과 없이 표현하고 '괴물'을 가진 다른 아이들과 네트워킹을 해버립니다.

그들은 그렇게 청년으로 자랍니다. 공부 잘하는 아이라고 해서 예외는 아닙니다. 인터넷과 소셜 네트워크라는 가상세계 한가운데에 버티고 앉아 온갖 세상살이를 색안경을 끼고 바라보게 되지요.

누구에게 의지하지도, 의지하려 하지도 않습니다. 아니, 의지할 수 없을지도 모릅니다. 마음을 기대도 좋을 이가 아이 주위에는 아무도 없으니까요.

아이와 부모의 새로운 나눔을 위하여

누군가 나서서 뭐라도 해야 한다는 생각이 들었습니다. 살아갈 시간이 아득하고 할 수 있는 일도 엄청나게 많은 아이들! 그러면서도 부정적인 생각에 짓눌려 할 일을 제대로 못하고 자신감마저 잃어버린 그들에게 어떤 역할이라도 해야겠다고 마음먹었습니다. 많이 부족하면서도 아버지로서 온갖 특권을 누리고 있는 제가 조금이라도 떳떳하게 살아가기 위해, 그리고 여태 받기만 한 것을 조금이나마 나눌 수 있는 기회를 찾고 싶었습니다. 그때부터 세상 살아가면서 느낀 것들을 한두 줄씩 메모하기 시작했습니다. 주로 요즘 아이들과 요즘 부모에 대한 글이 대부분이었고, '아빠로 살아남기 위해' 부족한 제가 갖춰야 할 아이템에 관한 글도 심심찮게 적게 되었지요.

이 글은, 이미 훌륭한 아버지가 된 제가 '이렇게 행동하면 좋은 아버지가 됩니다'라고 뽐내며 쓴 게 아닙니다. 글 쓰는 것을 옆에서 지켜보던 안사람이 눈을 흘기면서 "당신 참 뻥이 심하구나."라고 하대할 때, "내가 그렇다는 게 아니야!"라고 강변하면서 쭉 써온 글들이지요.

제가 바라는 아버지의 이상향을 글로 모았다고 하는 게 더욱 정확할 것 같습니다. 다만, 글을 쓰면서 한 가지 깨달은 게 있습니다. 삶의 현장에서 순간순간 느낀 것들이야말로 사람을 만들어가는 정말 소중한 도구로 변한다, 라는 사실이지요. 저는 그것들을 그저 솔직하게 전하고자 애썼을 따름입니다.

요즘 아이들이 느끼는 좋은 부모는 어떤 모습일까요? 엄청나게 달라진 사회만큼이나 지금 부모님 세대의 생각과는 많이 다를 것입니다. 그렇다고 해서 요즘 아이들이 부모님들께 많은 것을 바라지는 않는 것 같습니다. 갑작스런 변화를 원하지도 않지요. 그보다는, 지금 세상에 부모님과 더불어 잘 살아가고 싶을 것 같습니다.

아이들을 둘러싼 요즘 세상은 그리 녹록하지 않습니다. 그래서 어머니, 아버지의 도움이 더욱 절실합니다. 아이들이 마음속에 있는 괴물을 해치우고 세상에 맞설 수 있도록 도울 수 있다면 좋겠습니다.

아이들을 조금만 더 따뜻한 시선으로 바라보고 싶습니다. 부모로서 부족하면 부족한 대로 아이들에게 솔직하게 털어놓으며 다가가고 싶습니다. 아이와 부모가 함께 걸어가는 가운데 새로운 나눔이 시작되는 것이지요. 그리 살다 보면 우리 사는 세상도 바뀌겠지요? 서로 다르다는 것을 인정하고 함께 이야기를 나누며, 이웃끼리 주거니 받거니 하면서 사는 게 미덕인 '화해의 세상'이 될 것 같습니다. 그러려면 내가 아닌 남을 나처럼 받아들일 수 있어야 할 텐데, 가정에서 아이들과 미리 연습해보면 어떨까요?

변변치 않은 '잡글'을 독자들이 읽을 수 있게 다듬어준 이우희 좋은 날들 대표님께 먼저 감사를 전하고 싶습니다. 제멋에 취해 쓴 글을 정성스럽게 읽어준 고향과 대학교 때 친구들이 뭉쳐 있는 파인아트 카페지기님들, 끄적끄적 쓴 글 몇 편을 읽고는 서슴없이 이 대표님을 소개시켜준 정헌경 다섯수레 편집팀장님께도 감사를 드립니다. 글을 써보라고 처음에 저를 꾀어낸 지기 임종섭 박사, 신랄한 비판을 아끼지 않았던 좌파 수의사 박창흠 원장, 그리고 글 속의 주인공으로 제게 삶의 지혜를 가르쳐준 모든 분들에게도 진심으로 감사드립니다. 제가 가장 존경하는 돌아가신 아버님과 묵묵히 저를 길러주신 어머님, 그리고 안사람을 정성스레 키워주신 장인어른과 장모님의 사랑을 생각하면서 글을 썼습니다. 마지막으로, 이 글들을 제 아내 미란 여사와 저보다 오래 살아갈 규현과 규영 두 아들에게 바칩니다.

2012년 여름의 한가운데에서
임정묵

차례

프롤로그 | 아이와 부모는 함께 걸어가는 존재입니다

 이제는 아버지가 손을 내밀어야 할 때

세상을 마주할 준비가 안 된 아이들 · 17
내가 무엇을 좋아하는지 모르는 요즘 대학생 | 학교 공부만큼이나 중요한 세상 공부

내가 좋아하는 것을 아는 게 성공의 비결 · 24
백 명 중 일등이냐? 일등이 백 명이냐? | 이제는 취미가 곧 직업이 되는 세상
우물의 숫자가 중요한 게 아니다

세상 경험이 공부의 의미를 찾아준다 · 32
공부는 동기부여가 우선이다 | 아이의 변화를 이끌어내는 3가지 방법
아이들에게 공부하라고 소리치기 이전에

이 아이들을 어떻게 이해해야 할까? · 41
소녀, 미용실을 뒤엎다 | 학교에서 이상한 일들이 일어나고 있다
아이에게 '즐거운 나의 집' 찾아주기

부모가 자녀에게 해야 할 도리 · 52

아이에게 부모는 어떤 존재일까? | 현명한 헌신이란 없다
맨눈으로 보아야 하는 아이들

공부는 중요하다. 하지만 가장 중요하지는 않다 · 60
내 적성을 아는 것과 몰입이 성공의 비결 | 모든 문제의 출발점은 청소년기다

아버지의 역할은 여전히 막중하다 · 67
아버지에게 꼭 필요한 아버지다움 | 아버지다움의 원천은 긍정적 사고에 있다
엄마와는 다른, 아버지가 가진 힘

PART 2 가르치려 하지 않고 깨닫게 해주기

도대체 어디로 튈지 모르는 아이들 · 81
아이는 스스로 판단할 수 있다 | 대등한 관계에서 아이와 소통하기

있는 그대로, 느끼는 그대로 아이 대하기 · 89
아이를 컨트롤할 수 있다는 착각 | 실패를 모르는 아이는 결국 실패한다

부족함이 나를 큰 사람으로 만든다 · 96
요행수는 통하지 않는다 | 사람 사는 세상은 만남과 맺음으로 아름다워진다

재물보다는 성실함을 물려주어라 · 104
기회는 모두에게 주어져야 한다 | 어떤 세상에서도 성실함은 최대의 자산이다
세상은 더불어 살며 나누어야 하는 곳

세상을 내 품에 안으려면 · 111
목적만큼 과정도 중요하다 | 사람은 누구나 그만의 장점이 있다
자신감의 상실이야말로 가장 무섭다

단점을 고치기보다는 장점을 살리는 게 낫다 · 118
내가 가진 장점과 단점을 바로 알기 | 자기와의 타협이 필요하다 | 일단 시작하는 게 중요하다

존중과 배려의 마음 심어주기 · 127
세상은 넓고 배울 점은 많다 | 따돌리는 아이, 따돌림을 당하는 아이
아이는 함께하는 부모를 원한다

세상 모든 일에는 때가 있다 · 138
난생처음 공부가 지겹게 느껴지지 않았을 때 | 세상 살아가는 데도 때가 있다
실패에서 삶의 지혜를 배운다

PART 3 아이에게 존경받는 아버지가 되려면

아버지부터 먼저 바뀌어야 한다 · 155
20세기 아빠 21세기 아이들 | 이제는 '말씀'이 '권유'로 바뀌어야 하는 시대

부모는 아이와 함께 살아가는 존재 · 162
아이도 힘들고 부모도 힘든 현실 | 권위를 버리고 존중과 신뢰의 마음 쌓기

지나친 애정이 아이를 망친다 · 169
지나침은 모자람만 못하다 | 부부는 살을 섞고 마음을 섞어야 하는 사이
아내와 아이를 믿으며 살아가기

가끔은 일탈을 허락해주자 · 178
일탈에서 경험과 지혜가 나온다 | 부족한 아버지의 여섯 가지 변명

아이들은 '논리적으로' 자라지 않는다 · 190
아들의 만화가 인생 개척기 | 아이들을 가슴으로 맞아주기

아버지가 내게 남긴 가르침 · 202
지금의 나를 만드신 아버지 | 가슴을 아리게 하는 기억들
세상에서 가장 든든한 힘, 아버지

이유 없이 흔들리는 아이는 없다 · 212
대학이 전부라고 믿는 부모님들의 착각 | 아이들이 정말로 원하는 것들
아이들과의 소통은 어렵지 않다

 **좋은 부모로 산다는 것**

부모 역할도 업그레이드가 필요하다 · 227
이제는 세상이 바뀌었다 | 아이가 내 마음속으로 들어오는 순간
능력만큼이나 중요한 아이의 인성

일승일패의 세상에 익숙해져라 · 238
지난날보다 조금이라도 나아진 내게 만족하기
길이 아닌 길도 걸어봐야 하는 이유 | 행복과 불행의 양은 누구에게나 똑같다

멀리만 보면 가까운 곳이 안 보인다 · 246
가장 사랑하는 사람이 가장 아프게 한다 | 지금 내게 소중한 것들
부모님이 남기시는 마지막 선물

아이가 세상에 나가기 전에 해줄 일들 · 256
인생의 길목에서 길을 잃지 않으려면 | 아이들은 자기 일을 즐길 수 있어야 한다

보통 사람들이 중심이 되는 세상 · 263
티 안 나는 사람들에 의해 세상은 돌아간다
세상을 거머쥐는 가장 단순한 원리 | 이웃과 더불어 사는 것의 소중함

존경받는 부모는 위대하다 · 272
세상이 아름다워지려면 내가 먼저 아름다워야 한다 | 내가 생각하는 인생 최고의 성공

에필로그 | 아이와 함께 뒹구는 삶을 위하여 · 282

Part 1

이제는 아버지가 손을 내밀어야 할 때

아이에게 세상 공부를 시키는 일에는 부모님의 역할 분담이 필요합니다. 섬세한 성격의 엄마와 '통 큰' 아버지가 손을 맞잡는 것이지요. 아버지가 그려놓은 큰 선 사이를 엄마가 예쁜 색깔로 칠해주다 보면 아이들도 끼어들고 싶겠지요. 자신이 좋아하는 것을 찾는 세상 공부의 첫걸음은 이렇게 시작됩니다.

'남보다 뛰어나게'가 아니라 남과 다르게 키워라.
· 탈무드 ·

세상을 마주할 준비가
안 된 아이들

대학 교수가 된 지 올해로 14년째에 접어듭니다만, 다른 분야에서 일하는 친구들이 저를 참 부러워합니다. 교수라는 일자리가 갖고 있는 '철밥통' 비슷한 직업 특성, 그리고 젊은이들과 함께 생활한다는 점을 특히 부러워하지요. 요즈음 들어 교수직을 철밥통으로 여기는 인식은 많이 줄었습니다. 더 열심히 연구하고, 더 가르치고, 사회적 책임을 다해야 하지요. 당연합니다.

그런데 '젊은이들과 함께 할 수 있다'라는 교수의 특권은 더욱 큰 장점이 되었습니다. 그들에게서 빠르게 다가오는 미래를 엿볼 수 있으니까요. 우스갯소리로 '젊음을 빨아먹으며 사는' 저는 그들의 패기에 즐거워하고, 발랄함을 나누며, 다른 각도에서 세상을 볼 수 있지요.

정말 행복합니다. 지금까지 그들에게 쭈~욱 받기만 해왔기에 이제부터는 그들의 고민도 함께 나누고자 노력하고 있습니다.

제가 맡은 과목 중 신입생을 위한 전공탐색(특정 전공에 대한 정보를 제공받는 수업)이나 교양 수업은 과목의 성격상 자유로운 분위기 속에서 진행하고 있습니다. 학생들도 교수의 그 같은 낌새를 알아채는지 수업 시간에 유난히 와글와글합니다.

학생들이 한창 시끌벅적할 때 제가 뜬금없이 물어봅니다.

"첫째 수능 성적, 둘째 내신, 셋째 부모님의 권유, 넷째 언론보도, 그리고 마지막으로 적성검사 결과, 이외에 전공을 선택한 특별한 이유가 있니?"

시끄럽던 분위기가 순간 움찔합니다. 여기에 저는 질문 하나를 더 보태 아예 못을 박아버립니다.

"자신이 어려서부터 가진 꿈과 지금의 전공 분야가 똑같은 사람은 몇 명이나 될까?"

이 한마디에 분위기는 급격히 썰렁해집니다. 그리고 이쯤 되면, 희한하게도 강의실 분위기가 제게로 쏠리지요. 이제 의기양양하게! 제가 지금까지 살아왔던 이야기, 지금의 전공을 택하게 된 동기, 그리고 살면서 느낀 점을 들려주며 강의를 이끌고 갑니다.

그런데, 수업을 진행하면서 학번이 낮을수록 본인의 꿈과 동떨어진 전공을 선택하는 아이들이 많다는 걸 알게 되었습니다. 대략 60~70%를 제외한 나머지 학생들은 전공을 선택할 때 본인의 생각보다 주위의 권유로 결정합니다.

그러면서 또 한 가지 사실을 느꼈습니다. 전공 선택의 만족 여부와 상관없이 신입생들의 마음 한구석에는 어두운 그림자가 진하게 드리우고 있었습니다. 공부 잘하는 친구는 공부 잘하는 것 때문에 고민하고 공부 못하는 친구는 공부 못하는 것 때문에 고민하는, 누구나 힘들어하는 상황이 되어버렸다는 사실을 알게 되었지요.

어쩌다가 이렇게까지 되었을까요? 혹시 우리 어른들이 아이들을 점점 더 차갑고 회의적으로 세상을 보게 만들어버린 건 아닐까요?

저 역시 다른 교수님들처럼 대학 생활의 장점, 본인들이 선택한 전공의 중요성, 그리고 대학을 졸업하면서 선택하는 길이 인생을 일구는 데 정말 중요하다는 따위의 이야기를 곧잘 합니다. 하지만, 이런 이야기들이 오히려 학생들에게 더 많은 고민을 심어줄지도 모른다는 사실을 요즘 느끼고 있습니다. 그들에게 지금의 상태로는 해결할 수 없는 숙제를 떠안기는 것 같아서입니다. 동시에, 지금까지와는 다른 방법과 마음으로 아이들에게 다가가야겠다는 생각이 들었습니다.

내가 무엇을 좋아하는지 모르는 요즘 대학생

내가 무엇을 좋아하는지 잘 모르고, 자유로운 대화와 토론에도 익숙하지 않은 젊은이들이 부지기수입니다. 심지어, 자신을 둘러싼 세상에 짓눌려 속으로 신음하는 아이들도 적지 않습니다. 이런 아이들에게 자신의 존재와 가치관에 대한 질문을 던지고, "내가 이리 살아왔으니 너희들도 그리 살면 성공할 수 있어."라고 훈수 두듯이 가르치려는 태도 자체가 엄청난 부담이 될 것 같습니다. 이제껏 대학에 들어올 준비를 하느라 아이들은 집에서도, 어디에서도 그 같은 고민을 해본 적이 없었으니까요.

젊은이들이 스무 살이 되기 이전으로 돌아가 문제 해결의 방법을 찾아야 할 것 같습니다. 대학생이 되어서야 '나는 무엇을 좋아할까?'라는 고민을 한다는 것 자체가 너무 늦기 때문입니다.

물론 대학생 시절은 삶의 방향성에 대해 고민해야 할 시기이지만, 본인이 하고 싶은 일에 물불 가리지 않고 뛰어들어야 할 시기이기도 합니다. 뒤늦게 내가 좋아하는 것을 서둘러 찾다가, 막상 그것이 잘 안 되면 미래에 대한 막연한 불안으로 인해 젊음의 기개가 송두리째 사라질 수도 있습니다. 결국, 대학 교육을 부실하게 만드는 걸 넘어 세상과 스스로를 탓하는 젊은이들을 대학에서 양산하는 꼴이지요. 참으로 걱정스런 일입니다.

우리 대학 동아리 중에 사회의 어려운 청소년들과 소통하며 그들의 짐을 조금이라도 덜어주려는 봉사활동을 하는 친구들이 있습니다. 그들의 활동 중에는 아이들을 학교에 초대해 견학을 시키고 유명한 교수님들의 강연을 들려주는 프로그램이 있는데, '아이들이 잘 따라오지 않을 것 같다'며 자주 고민하는 듯합니다. 제가 보기에는, 준비가 소홀하다거나 프로그램이 부실한 때문이 결코 아니었습니다. 그보다는 아이들이 프로그램 자체를 받아들일 준비가 안 되었던 때문이지요.

무엇이 아이들을 이토록 주눅들게 할까요? 소중한 젊음을 만끽할 아무런 준비 없이 대학에 들어오고, 또 그렇게 세상으로 떠밀려 나가는 아이들은 정말 많습니다.

대학 입시의 중압감, 경직된 수업, 입시 위주의 학교 분위기 등을 원인으로 들 수 있겠지요. 하지만, 우리나라 교육 시스템은 조직적인 사고력을 키우는 체제로는 대단히 훌륭하다는 평가를 받고 있습니다. 보다 근본적인 이유는, 어쩌면 한 가정의 아버지이기도 한 우리 자신에게 있는지도 모르겠습니다.

아이들은 부모에게 많은 것을 바라지 않지만, 한편으로는 '자신을 지켜 달라'는 메시지를 끊임없이 보내고 있습니다. 그것을 주위에 드러내놓고 표현하지 않을 뿐이지요. 이런 아이들에게 부모는 자그마한 노력으로도 큰 힘이 될 수 있습니다.

아이들을 아이들답게, 아직 미숙하지만 자신이 하고 싶은 일을 찾을 수 있게 해주는 데 가장 필요한 덕목은 '아이의 이야기를 들어줄 수 있는 부모의 여유'라고 생각합니다. 바깥에서 받는 스트레스만으로도 아이들은 이미 충분히 힘들기 때문에 아이들에 대한 아량도 필요합니다. 적어도 세상에 나가기도 전에 아이들이 세상에 지쳐버리는 일만큼은 막아야 할 것입니다.

학교 공부만큼이나 중요한 세상 공부

대학에 갓 들어온 학생들에게 "왜 공부해야 하지?"라고 물어보면 "내가 원하는 것을 잘 모르니까 선택의 폭을 넓히기 위해 열심히 공부해야지요."라고 대답하는 친구들이 꽤 있습니다. 이런! 부모님들의 생각에 전염된 것 같습니다.

실상을 들여다보자면, 대학교 전공을 선택하는 데 가장 결정적 역할을 하는 것은 수능 성적이지요. 그런데 성적이 뛰어난 학생들은 선택의 폭이 아무리 넓어도 결국 명문 학교나 인기학과를 선택하고 맙니다. 그렇지 않은 아이들은 본인이 원하는 학과에 아무리 가고 싶어도 성적이 안 되기 때문에 자신의 성적에 '얼추' 맞는 학교에 들어갑니다. 아이들이 이야기하는 공부의 목적이 사라지는 순간이지요. 그런 선택을 한 아이들에게 '나'는 온데간데없습니다. 그래서 대학생이 된 다음 나를 찾으려는 방황이 시작되는 것입니다.

한편으로 저는 학생들에게 "자네들은 인생에서 성공할 자격이 있어."라고 강의시간에 간혹 이야기해줍니다. 학교 공부를 잘해서가 아닙니다. 그 동기와 이유가 무엇이었던 간에 그들은 자신의 목표를 달성하기 위해 '올인'을 해본 경험이 있기 때문이지요.

그런데, 이런 학생들에게 가장 두려운 적은 역설적이지만 자신감에서 비롯된 오만함입니다. 특히 성적이 아주 뛰어난 학생들이 대학원에 들어와서 실험하다가 어려움이 닥치면 쉽게 진로를 바꿉니다. '이 힘든 일 아니면 할 게 없을까봐!'라는 생각이 머릿속에 꽉 차 있지요. 자신이 무엇을 좋아하는지는 잘 모르지만 '무엇을 해도 할 수 있다'라는 자신감이 그들에게는 오만이라는 부메랑으로 되돌아옵니다.

자신의 꿈을 이루는 데 세상 공부가 중요한 것은 바로 이 때문입니다. 세상과 더불어 살면서 느끼고, 즐기고, 때로는 슬퍼하는 가운데 내가 좋아하는 일의 가치와 나아갈 길을 자연스럽게 떠올리게 되는 법이지요.

그것을 도와주는 게 부모의 가장 큰 역할일 것입니다. 이를 위해서는 먼저, 부모 세대가 경험한 청소년기는 이삼십 년, 아니 삼사십 년 전의 세상이란 것부터 스스로 인정해야 합니다. 내 생각이 옳다는 믿음에 아이를 맞추려고 해서는 안 됩니다. 미래를 준비하고 있는 아이들을 위해 '부모 생각'을 가끔 쳐내야 하는 거지요.

또 한 가지, 아이에게 세상 공부를 시키는 일에는 부모님의 역할 분담이 필요합니다. 섬세한 성격의 엄마와 '통 큰' 아버지가 손을 맞잡는 것이지요. 아버지가 그려놓은 큰 선 사이를 엄마가 예쁜 색깔로 칠해주다 보면 아이들도 끼어들고 싶겠지요. 자신이 좋아하는 것을 찾는 세상 공부의 첫걸음은 이렇게 시작됩니다.

내가 좋아하는 것을 아는 게
성공의 비결

 부모님들은 본인들이 못 했거나 아쉬웠던 것들을 자식들이 대신 이루어주기를 바라는 경향이 있습니다. '나는 못 했지만 너만은 꼭…….'이라는 거지요. 그리고 본인이 살았던 경험에 비추어 자식들에게 나아갈 길이나 적성을 찾으라고 합니다. 상황에 따라서는 반 강제로 몰아붙이기까지 합니다. 여러 이유가 있겠지만 대개는 학교 성적이 빌미가 되곤 하지요.
 성적이 좋은 학생은 기본적 의무로 여겨지는 공부에 충실하고 성실합니다. 그래서 장차 원하는 대학에 들어가 본인 인생을 스스로 설계할 수 있는 '범생'으로 칭찬받지요. 반대로, 성적으로 부모님을 만족시키지 못하는 자녀는 맡은 바 의무를 제대로 하지 않은 '불량 청소년'

취급을 받습니다. 허구한 날 혼나기만 합니다. 이 처지에 놓인 사춘기 아이가 행여 반발이라도 할라치면 집안은 난장판이 됩니다. 이것이 결국, 아이들 마음속에 평생 씻어내기 어려운 열등감을 심어놓습니다. 우리나라 가정에서 흔히 볼 수 있는 풍경이지요. 정도의 차이는 있지만 우리 집도 예외는 아니었습니다.

백 명 중 일등이냐? 일등이 백 명이냐?

뚱딴지같지만 당연한 생각을 하나 해보겠습니다.

사람 백 명이 있으면, 어느 한 잣대로 볼 때 일등부터 백 등까지 줄을 세울 수 있겠지요. 생물학적으로 모든 인간은 평등하지만, 사람들마다 잘하고 좋아하는 게 다르기 때문에 그 잣대가 성적이건, 스포츠이건, 독서량이건 순위가 만들어집니다. 그런데, 만약 한 가지 잣대보다는 열 가지나 백 가지 잣대로 판단하면 어떻게 될까요? 잣대의 가짓수가 많을수록 일등이 되는 사람 또한 많아질 것입니다.

요컨대, 하나의 잣대만을 들이대기 때문에 아이나 부모 모두가 힘들어지는 것 같습니다. 말로만 '무한한 가능성을 지닌 아이들'이라고 할 뿐, 그 끝없는 가능성들을 죄다 팽개치고 한 가지 능력만 키우도록 아이들에게 강요하는 것이지요. 더욱이 아이들은 자신에게 또 다른 가능성이 있는지조차 확인할 길이 없습니다. 부모님 뜻을 좇아 학교 공부 따라가기에도 정신없으니까요.

아이 생각에는 뭔가 다른 쪽으로 하고 싶은 일이 있어도 "다 너를 위해서 그러는 거야."라는 부모님 말씀을 거스르기가 여의치 않습니다. 그런데 정말로 다 아이를 위해서일까요? 옛 경험에 의지해 그렇게 믿고 있을 뿐이거나 아니면, 부모님들의 '한풀이'는 아닐까요?

아이와 부모님 사이에는 엄연히 나이 차가 존재합니다. 일례로 우리 집 큰아이와 저 사이에는 26년, 그리고 둘째 아이와는 34년이란 시간의 벽이 놓여 있습니다. 결코 짧지 않은 세월입니다. 과학기술의 발달로 과거 십 년간의 변화가 요즘은 일 년은 고사하고 몇 개월 사이에 일어납니다. 제가 학창 시절에 못 했던 것들은 30년 전에 못 한 게 아니라 300년 전에 못 한 것으로 아이들이 느낄 수도 있습니다.

아이들은 자신의 미래에 대한 부모님의 권유를 피부로 느끼지 못할 것입니다. 어찌 보면 당연한 일이지요. 부모님들이 본인의 경험에 기초해 아이에게 권하는 모든 것들은, 시간이 30년 동안 멈추어 있었을 때에만 아주 올바르고, 곧바로 성공의 비결이 될 것입니다.

하지만 세상이 저절로 망하거나, 전쟁으로 폐허가 되거나, 아니면 타임머신을 타고 30년 전으로 돌아가지 않는 한 시간을 되돌릴 순 없지요. 아무리 과학적이고 30년 전 경험에 기초한 사실이라고 해도, 그 '부모님의 권유'가 지금 세상과 동떨어져 있을 때 아이들은 받아들이지 않을 것입니다. 아니, 받아들일 수 없을지도 모릅니다. 세상은 분명히 변했으니까요.

이제는 취미가 곧 직업이 되는 세상

어두운 방안에 갇혀 희미한 빛이라도 보이면 그것이 출구와 가깝건 아니건 그쪽으로 시선을 돌리며 두리번거리는 학생들을 어김없이 꾸짖던 때가 있었습니다.

"이놈들이 전공에 대한 긍지와 사명감 없이 시류만 따라가네."

지금 생각하면 미안하기 그지없지요.

옛날에 제가 대학생일 때 기성세대에게 많은 차이를 느꼈듯이, 이제 기성세대 등급으로 업그레이드한(?) 제게도 요즘 젊은이들은 세대차를 느낄 것입니다. 지금의 기성세대와 젊은이들의 사고방식에는 어떤 차이가 있을까에 대해 골몰하다가, 문득 단편적인 사실 하나에 생각이 멈췄습니다.

옛날의 우리는 직장과 취미생활을 별개로 생각했습니다. 법조계, 의료계, 교육계 직업을 최고로 여겼고, 세상의 말과는 달리 직업 사이의 귀천이 존재했습니다. 취미생활은 직장에서 받는 스트레스를 해소하는 수단으로만 간주되었지요.

그런데 최근에는 개인의 감성이 중시되면서 '취미 = 직장'이 돼버린 듯합니다. 즉, 요즘 젊은이들에게 가장 중요한 것은 삶의 질quality of life이고, 어떤 일이건 자신이 원하는 바를 열심히 하면서 사는 인생을 가장 성공한 것으로 평가하게 되었습니다. 사회가 발전하면서 개성과 감성, 그리고 다양성을 중요시하는 시대가 되었지요. 그러다 보니 내가 원하는 것을 이루기 위해 돈의 가치도 덩달아 중요해졌습니다. 안타깝게도 우리 기성세대는 그 같은 속내를 못 본 채, 요즘 젊은이들의 배금주의를 탓할 뿐이지요.

'유전자 각인(genetic imprinting ; 코는 엄마, 귀는 아빠, 눈은 엄마를 닮는 식으로 부모가 동시에 가진 특성 중 한쪽만이 선택되어 유전되는 생물학적 현상)' 현상에 의하여 모든 인간은 다 다릅니다. 좋아하는 것도 싫어하는 것도 몽땅 다르지요.

그런 다양성을 인정하는 마음가짐이 보다 나은 삶을 만들기 위해 대단히 중요한 것 같습니다. 하기는, 모두 다르게 태어났는데 똑같은 일을 한다는 게 오히려 이상하지 않을까요?

그런 의미에서 아이들의 적성 발굴이 얼마나 중요한지는 말할 나위도 없을 것입니다. 다만, 싫다는 아이에게 억지로 몰아붙이는 식이라면 곤란합니다. 아이들 스스로 생각하고 결정해야지요. 부모님이 주도하는 유아교육, 조기교육 혹은 영재교육과는 다른 차원에서 접근해야 할 것 같습니다. '나는 무엇을 하면서 살아야 할까?'라는 질문을 아이들에게 던지는 것, 그리고 생각할 기회와 시간을 주는 것이 중요합니다. 아이가 자라서 보다 나은 삶을 설계하고 집중하는 데 결코 빠뜨려서는 안 될 가치입니다.

교육적 차원에서 아이들의 적성을 찾아주기 위한 시도가 점점 활발하게 이뤄지고, 그 같은 움직임에 도움을 주고자 학계는 물론 산업 분야의 많은 분들이 노력해주십니다. 어떤 일들이 세상에서 일어났고,

앞으로 무엇이 필요하고 어떻게 발전할 것인지를 아이들에게 소개시켜주고 있지요. 저 역시 조그만 힘을 보태곤 하는데 정작 이런 강의를 듣는 아이들의 모습은 참 당혹스러울 때가 많습니다. 적성 개발의 소중한 시간이 아닌, 단순히 수업의 연장으로 받아들인다는 느낌을 받기 때문이지요.

무엇이 아이들을 진정으로 위하는 일이고, 어떻게 하면 아이들과 함께 미래를 꿈꿀 수 있을까요? 그 답을 찾기 위해 아이와 마음을 터놓고 소통하려면 아래 세 가지 제안이 필요할 것 같습니다.

첫째, 아이들은 내가 아니라는 것을 알기
둘째, 아이들의 생각을 조금이라도 이해하기
셋째, 세상이 바뀌었다는 것을 하루 빨리 인정하기

우물의 숫자가 중요한 게 아니다

"내가 어떤 것을 좋아하는지 청년 시절에 알 수만 있다면, 제군들 인생에서 절반 정도는 성공한 셈이다."라는 이야기를 곧잘 학생들에게 합니다.

대학 졸업 후 진로를 정할 때 제발 '대학원 가겠다', 또는 '취직하겠다'라고 결정하지 말라고 신신당부하지요. 요즘은 학문과 산업과의 경계가 옅어져서 대학원에 다니면서도 언제든지 직장을 찾을 수 있고 또 반대의 경우도 가능하기 때문입니다.

그보다는 본인이 무엇을 좋아하는지 알아채는 것, 예를 들어 유전학이 좋다든지 아니면 줄기세포가 좋다든지 하는 식으로 좋아하는 분야를 찾으라고 늘 이야기해줍니다. 또 한 가지 꼭 강조하는 것! 선생님이나 부모님 말씀은 어디까지나 참고사항으로 여기라는 조언을 잊지 않습니다. 가장 중요한 것은 본인의 선택이라는 사실을 강조, 또 강조하지요.

그리고 이런 이야기도 들려줍니다.

"나와 함께 대학을 졸업한 동기들 중 안정적인 삶, 그러니까 성공한 삶을 살아가는 친구들과 그렇지 않은 친구들의 차이는 딱 하나야! 대학 졸업할 때부터 지금까지 한 우물만 파왔던 동기는 그가 무엇을 택했던 간에 지금은 안정적으로 잘살고 있지."

여기에 '졸업 후 자신이 선택한 분야를 바꾼 친구들은 그 바꾼 시기만큼 손해를 본다'라는 말도 덧붙이지요. 두 번째 우물을 파기 시작할 때는 그때부터 새롭게 우물 파기 경쟁에 참여한 사회 초년병들과 똑같은 처지에 놓일 수밖에 없으니까요. 물론 '낙하산'을 타고 온 친구들도 있겠지만, 그리 보편적인 일은 아닙니다. 다른 분야의 경험이라는 것도 사실 별 도움이 되지 않습니다. 어차피 처음부터 다시 '삽질'을 해야 합니다. 게다가 한두 살이라도 더 먹은 게 결국은 단점으로 작용할 것입니다.

인생에서 한 우물을 파기 위해서는, 대학을 졸업하기 전까지 본인에게 딱 맞는 분야가 무엇인지를 아는 게 중요합니다. 그래서 저는 제 스스로의 길을 찾은 학생들에게 칭찬을 마다하지 않습니다. 주위 선생님들께 욕먹을 각오를 하면서까지 "네 적성이 정말 이게 아니라고 판단되면 전과를 하든지 전공을 바꿔라."라고 말할 때도 있습니다.

이런 조언을 해주면 아이들은 제게 고마워하는 마음을 감추지 않습니다. 집에서도 어디에서도 이렇게 상의해준 사람이 없었다는 이유에서입니다.

아이들과 함께 미래를 고민하면서 '이런 말을 하는 나는 과연 올바르게 살고 있나?'라는 생각이 자주 듭니다. 마음 한쪽이 아려오는 느낌……, 제가 생각하는 이상적인 덕목들이 세상에서 실천하기 어렵거니와, 그것을 따라했을 때 아이들이 떠안아야 할 부담 또한 마음에 걸리는 게 사실입니다. 그래서 부모님들은 지금 같은 현실에 그냥 머물려고 하시는지도 모르겠습니다. "좋은 부모가 되기에는 좋지 않은 세상이다."라고 애써 푸념을 하면서요.

세상 경험이
공부의 의미를 찾아준다

　중고등학교 시절 학교 공부를 아주 잘했던 친구였다고 해서 현재도 성공한 삶을 살고 있는 경우는 그리 많지 않습니다. 이처럼 학교의 우등생이 사회의 우등생은 아니라는 것을 우리 어른들은 너무나 잘 알고 있습니다. 실제로, 행복한 가정을 꾸리고 있는 제 주변 분들을 보더라도 대부분은 그냥 평범하게 공부했던 것 같습니다. 심지어 학창 시절 저보다 성적이 한참 뒤떨어졌던 동창 중에 지금은 훨씬 나은 위치에서 '뻐기며' 살아가는 친구들도 적지 않습니다.

　그런데도 부모님들은 왜 자녀의 학교 성적을 그리 중요시할까요? 아마 학교 공부가 인생의 성공을 보장하지는 않더라도 많은 도움을 줄 거라고 믿기 때문일 것입니다. 사실 공부 잘해서 이른바 일류 대학에 들어가면 얻을 수 있는 게 참 많습니다. 학맥이나 인맥 같은 게 여전히 우리 사회를 지배하고 있다는 사실 또한 무시할 수 없지요. 그래서 부모님들은 세상 경험은 둘째 치고 어쨌건 공부 잘하는 아이가 되어주기를 바라는가 봅니다. 엄연한 현실이지요.

하지만, 세상 공부를 시킨다고 해서 학교 공부를 손놓으라는 게 아닙니다. 정반대의 가치가 아니라는 거지요. 세상 공부는 학교 공부의 의미를 찾아주는 데 기여합니다.

공부는 동기부여가 우선이다

세상의 모든 부모들은 자신의 자녀가 노력만 하면 1등도 어렵지 않을 것으로 굳게 믿습니다. 어렸을 때부터 아이들이 보여준 천재성을 기억하고 있기 때문이지요. 맞는 생각입니다. 적어도 아이들은 어느 한 가지에 대해서는 분명 '천재적 소질'을 가지고 있는 것 같습니다. 단, 그것이 꼭 공부가 아닐 수도 있는데 공부로만 연결지으려니까 문제가 되는 것이지요.

아주 특별한 몇몇 아이들을 제외하면 공부를 하고 싶어서 하는 아이는 없을 것입니다. 선생님이나 부모님의 강요가 알게 모르게 작용할 뿐이지요. 그런데, 그처럼 하기 싫은 공부를 자발적으로 하도록 하는 방법은 없을까요? 공자님도 일찍이 '잘하는 것은 좋아하는 것만 같지 못하다'라고 하셨으니 스스로 공부할 이유를 찾아준다면 적어도 학교 공부에서만큼은 한 시름 놓을 수도 있지 않을까요? 이는 곧 공부에 대한 동기부여라고 할 수 있습니다.

우리 집 아이에게 대학에서 강의하듯 논리정연하게 공부의 필요성에 대해 설득한 적이 있습니다.

1. 성공하기 위해서는 자신이 좋아하는 것을 찾아야 한다.
2. 좋아하는 것을 찾으려면 세상에 무엇이 있는지 알아야 한다.
3. 세상에 무엇이 있는지 알려면 열심히 공부해야 한다.
4. 고로…… 성공하려면 열심히 공부해야 한다!

제 스스로도 감탄할 만한 아주 명확한 논법입니다. 우리 아이도 수긍하였지요. "아빠, 열심히 공부할 거예요."란 말도 들었습니다. 제 진심을 이해한 것 같아 아주 기뻤지요. 저는 그날 밤 '한 건' 올렸다는 뿌듯한 마음으로 아내에게 자랑하고 편안하게 잠자리에 들었습니다.

그런데! 이후로도 아이는 별로 변한 것이 없었습니다. 아이에게 물어보니 허무한 대답만 되돌아옵니다.

"아빠, 다 이해는 해요. 하지만 참고서를 따악 펼쳐보니 재미도 없고 졸려서 그냥 잤어요."

결국, 본인이 공부의 필요성을 느끼지 않는 이상 동기부여가 되지 않는다는 '냉혹한' 현실을 확인했을 뿐이었습니다. 제 자신이 필요성을 느끼지 않는 한 요즘 아이들은 스스로 움직이지 않습니다. 그것이 공부든 아니면 다른 무엇이든 간에요…….

아이의 변화를 이끌어내는 3가지 방법

그럼 어떻게 하면 아이들에게 동기를 부여할 수 있을까요? 그걸 안다면 저는 아마 '떼부자'가 되고 매스컴마저 주름잡는 유명 인사가 되었을 것입니다. 적어도, 여기에 어떤 지름길이나 왕도가 없는 것만큼은 확실합니다. 그나마 아이들을 키우면서 몇 가지 느낀 게 조금 참고가 될지는 모르겠습니다.

첫째, 마음속에서 아이들을 아예 포기해버리는 것!

좀 심하게 들릴 수도 있을 텐데, 이 말은 곧 아이들에 대한 믿음을 가지는 게 중요하다는 의미입니다.

흔히 부모님들은 아이들에게 믿고 맡긴다고 하지만, 결국 의심해버리지요. 더욱이 아이들을 믿어야 할 상황에서조차 의심합니다. '오늘 무엇을 했는지' 물어보고 '진짜 했는지' 또 확인합니다. 왜냐? 공부를 했다는데 성적이 안 나오거든요. 한두 번 속은 것도 아닐 테고요. 이런 일들이 자꾸 반복되면 결국 아이와 부모 사이에는 불신이 쌓입니다. 아이들은 부모의 의심을 잔소리로 들을 것이고, 마침내 부모님이 생각하는 것과는 전혀 엉뚱한 방향으로 튀어버립니다.

이 같은 악순환을 끊으려면 부모님 쪽에서 먼저 아이들에 대한 무한한 신뢰를 보여야 할 것 같습니다. 몇 번 속더라도 그냥 믿어주는 배포가 필요하지요. 그러기 위해서는 마음을 비워야 합니다. 그럼 아이는? 자신을 믿어주는 부모님에게 미안한 마음이 자연스레 생기겠지요. 바로 그 순간부터 아이에게 변화가 시작될 것입니다.

둘째, 동기부여를 위하여 기존의 생활을 과감히 바꿔버리는 모험을 할 필요가 있습니다.

예를 들어, 큰맘 먹고 기간을 정해 아이가 공부를 하고 싶어도 못하게 합니다. 아니면, 공부 이외의 엉뚱한 일을 시키는 것도 한 방법이겠지요. 아이가 평소 하고 싶어 했던 일을 일정 기간 동안만 허락해주는 것도 좋은 방법일 듯합니다.

이 같은 색다른 경험은 어떤 식으로든 아이의 삶에 변화를 줄 것입니다. 매일 똑같은 일, 똑같은 스케줄을 반복하는 아이에게 '지금 하는 일에 의미를 가져라!'는 가르침은 결국 강요에 지나지 않습니다. 그보다는 일탈을 통해 변화의 계기를 만드는 게 나을 것입니다.

지금 만화가가 되어 있는 우리 집 큰아들도 실은 중3 때 제가 만화학원에 데려가는 '대형사고'를 쳤습니다. '어떻게 하면 공부를 하지 않아도 될까'만 생각하던 녀석이 중2 때부터 만화를 그리고 싶다고 노래를 불렀기 때문이었지요. 그 후, 이런저런 과정을 겪으며 녀석은 일본의 어느 대학에서 만화를 전공하고 있습니다. 일전에 술에 취해 지 엄마에게 '내가 원하는 일을 하는 게 얼마나 행복한지 알았다'라고 주정하던 모습을 보면 자신이 택한 삶에 만족하는 것 같기도 합니다.

셋째, 어떤 상황에서든 아이에게 희망을 주고 칭찬하는 것을 잊지 말아야 합니다.

설령 학교 성적이 최악의 상황에 처했더라도 아이가 희망을 잃지 않도록 격려해줄 수 있어야 합니다. 이것이야말로 정말 중요합니다. 한 과목, 아니 한 과목 중 어느 한 부분에서라도 아이에게 자신감을 만들어주는 게 맨 먼저 해야 할 일이겠지요. 아주 쉬운 것부터 하나하나 시작하고 칭찬을 아끼지 않는다면, 아이는 자신만의 방법으로 스스로를 일구어 나갈 것입니다.

지난번 시험보다 1점만 올라도 칭찬해주는 부모의 모습에서 아이들은 자신감을 얻습니다. 게다가 이 1점은 결코 가볍지 않습니다. 중1부터 고3까지 대충 1년에 시험을 10번 본다고 가정할 때 1점씩만 올려도 평균 60점이 올라갑니다. 대단한 발전이지요.

아이들에게 공부하라고 소리치기 이전에

아이들이 해야 할 수많은 공부 중 가장 중요한 것은 세상 공부가 아닐까 합니다. 국영수 성적에 목매기 이전에 왜 그 같은 공부를 해야 하는지, 또 내가 하고 싶은 공부는 과연 무엇인지를 진지하게 생각해 볼 기회를 주자는 것이지요.

부모님들이 이 사실을 모를 리 없습니다. 하지만, 유감스럽게도 겉으로 표현하고 설명해주지 않은 채 그냥 "공부만 열심히 해라!"고 할 뿐입니다. 여기에 대해 아이들은 당연히 부모에게 불만을 갖게 됩니다. 그렇다고 해서 아이들이 '공부보다 인성이 중요하다'라든가 아니면 '사회성이 필요하다'라는 가치에 대해 특별한 소신을 갖고 있지는 않은데 말이지요. 그저 잔소리를 피하고 싶고 공부만 하라는 부모님 말씀 그 자체가 싫어 반항하는 경우가 대부분입니다.

이처럼 본질과는 상관없는 표현의 문제 때문에 부모와 아이 사이에는 긴장감이 조성되곤 합니다.

어떻게든 좋은 대학에만 보내면 그걸로 부모의 역할은 끝이라고 생각하는 부모님들이 꽤 계십니다. 하지만, 대학을 우수한 성적으로 들어왔건 어쨌건 아이에게는 여전히 세상이 버겁기만 합니다.

공부 잘하는 녀석들은 녀석들대로 대학에 들어와 친구들과 소통하는 과정에서 '자신이 그리 잘나지 않았다'라는 사실, '세상에는 나보다 잘난 사람이 참 많다'라는 사실을 알게 됩니다. 좌절이라는 것도 처음 경험하게 되지요. 어떤 아이들은 중고등학교 6년의 성적만으로 잘못된 계급의식이나 우월감을 가지는 경우도 있습니다. 일이 뜻대로 잘 안 되면 '내가 너무 잘나서 불이익을 받는다'라며 그릇된 피해 의식을 품기도 합니다. 반면, 이런 아이들 주변에 있는 평범한 아이들은 공부를 못해서 좋은 대학에 못 들어갔다는 자책감에 오랜 시간 동안 열등감을 가슴에 안고 살아가게 되지요.

요컨대, 성적 좋은 아이들은 결국 본인이 최고인 줄 알며 살아갑니다. 또 성적이 나쁜 아이들은 성적이 나쁘다는 이유만으로 자기 일에 최선을 다하지 않는 문제아 취급을 받습니다. 그런 말을 자꾸 듣다 보면 나중에는 본인 스스로 그렇게 믿어버리고 맙니다. '나는 최선을 다하지 않는 아이' 혹은 '나는 뭘 해도 안 되는 아이'라고요…….

그런 이유 때문에라도 아이들에게는 세상 공부가 필요합니다. 공부에 대한 동기부여를 높이는 것과는 별도로 어려서부터 세상과 어우러지는 법을 배우지 못한다면 아이는 평생 자신을 탓하거나 남을 탓하는 삶을 살아갈지도 모릅니다.

물론, 입시를 앞둔 수험생에게 "세상부터 알아야 해!"라고 하면서 당장에 바깥으로 풀어놓을 수는 없는 노릇입니다. 또한 초등학교 때 세상 경험을 많이 시킨 다음에, 이를 바탕으로 중고등학교 때 사명감을 가지고 공부할 수 있게끔 만들자는 이야기도 아닙니다. 그렇게 순차적으로 하고 싶다 한들 아이의 자아가 형성되고 사춘기에 접어들면 순서가 꼬이게 마련입니다.

지금 있는 자리에서 하나하나 풀어가야 합니다. 무엇보다 아이들에게 믿음을 주어야 하겠지요! 아이들에게 '내가 원하는 무언가가 꼭 되고 싶은 마음'을 갖게 해서 그것이 학교 공부를 잘하고 싶은 동기부여로 이어지도록 해야 합니다.

쉽지는 않을 것입니다. 아이들에 대한 믿음을 온전히 행동으로 나타내기란 '득도의 경지'가 필요하기에 부모님들의 고민이 이만저만이 아닐 것입니다. 어쩌면 아이들 세상 공부를 위해 부모님들이 '세상 공부'를 더 해야 하는 건 아닌지 모르겠습니다.

그래도 조금만 더 참고 인내할 수 있다면 좋겠습니다. 아이들은 언제가 됐든 그 바람에 부응해줄 테니까요. 너무 이상적으로 들릴지는 몰라도 바로 그 비현실성이 아이들을 가장 현실에 걸맞은 인재로 만들어줄 것 같습니다.

또 한 가지! 아이들에게 적성을 찾아주는 데는 학원이나 각종 교습이 제격일 거라고 여기는 부모님들이 많은 듯합니다. 분명히 기능적으로는 그렇습니다. 하지만, 아이에게는 그 기능보다 더 중요한 게 있습니다. 뜨거운 열정이지요. 아이가 가슴으로 받아들이지 않는다면, 또 하나의 공부로 전락하고 마는 게 적성 교육입니다. 테크닉이 열정을 이길 수도 없습니다.

이 아이들을
어떻게 이해해야 할까?

저는 오직 하나, 싸다는 이유만으로 이발은 꼭 학교에 있는 미용실이나 헤어클럽을 이용합니다. 한 번 자르는 데 7천원을 넘지 않지요. 거침없이 머리를 잘라주는 선생님들이 참 마음에 듭니다. 왠지 모를 짜릿함과 '오늘은 내 손으로 머리를 감지 않아도 된다'라는 해방감에 행복해하지요.

소녀, 미용실을 뒤엎다

어느 날인가, 그날도 마찬가지로 저는 미용실 원장님에게 제 머리를 내맡기며 느긋해하고 있었습니다. 전보다 요금은 올랐지만 머리를 감겨주고도 7천원에 불과했지요. 머리를 자르는 중에 내 뒤쪽으로 한 여학생이 머리를 하러 오는 게 거울을 통해 보였습니다.

"짧게 커트해주시면 되는데 앞머리는 눈썹을 살짝 가리도록 잘라주세요. 살짝요."

그런 소리가 얼핏 들렸습니다. 그러고 나서 한 2~3분이 지났을까, 머리카락이 잘려나가는 느낌을 즐기고 있는데, 갑자기 소녀의 다급한 비명소리가 적막을 갈랐습니다.

"아악! 어떻게 해요. 눈썹이 보이잖아요!!"

곧바로 그 여학생이 흐느끼기 시작했습니다. 흐느낌은 금세 통곡으로 바뀌고, 또 금세 대성통곡으로 발전했습니다.

미용실 전체가 다 뒤집어졌지요. 그곳에서 일하던 선생님 모두가 혼비백산했습니다. 상황이 심각한지라 미용실 원장님마저 저를 매정하게 내팽개칩니다. 중간쯤 깎다가 만 제 머리를 두고는(정확히 말하자면 한쪽 머리만 깔끔하게 깎아주고 떠나셨지요.) 울고 있는 여학생을 어떻게든 달래고자 어쩔 줄 몰라 합니다.

"학생, 미안해요."

"어떡해요. 엉엉."

"정말 미안해요······."

어떡해요. 엉엉, 책임져요. 엉엉, 날씬해 보이지 않잖아요. 엉엉, 무작정 엉엉엉······. 여학생은 그렇게 대책 없이 울었습니다. 솔직히 저는 부모님 돌아가셨을 때 빼고 그렇게 서럽게 우는 사람은 처음 보았습니다.

"학생…… 미안한데, 그래도 괜찮은 거 같아요. 아주 쪼끔 더 잘렸을 뿐이니까, 내가 염색까지 그냥 다 해줄게."

원장님이 이렇게 말해도 여학생은 여전히 울기만 합니다. 그러다 급기야 "내 인생 책임지세요."라는 말까지 나와 버렸습니다. 아무리 해도 여학생은 진정할 기색이 없었습니다. 답답한 마음에 원장님이 야단을 쳐보기도 했지만 아무 소용없었지요.

그 때문에 딱 절반만 잘린 제 머리는 사고를 친 '범인 선생님'이 대신 떠맡았습니다. 원장님은 나머지 선생님들을 모두 동원해 여학생을 달래고자 필사의 노력을 하지만 소녀의 통곡은 멈추지 않았습니다. 결국, 여학생이 울건 말건 무시한 채 우는 아이의 머리를 자르고 염색도 해주기 시작했지요. 원장님도 다시 제게로 돌아왔습니다.

"요즘 학생들은 자신이 생각한 스타일과 쪼끔만 달라도 절대 타협 안 해요. 6만원짜리 염색도 그냥 해준다고 하는데도……."

원장님이 한숨을 쉬며 제게 살짝 말합니다. 머리를 잘못 자른 선생님은 거의 울먹이며 원장님 옆에 앉아 있고 여학생의 대성통곡은 여전히 멈추지 않고 있었습니다.

그러기를 얼마 후, 어디선가 혜성같이 등장한 우리 학교에서 일하시는 아줌마! 실은 반대편에서 파마를 하고 계셨나 봐요.

"아이~ 학생 정말 예쁘네! 오히려 눈썹이 약간 보이는 게 더 예뻐.

염색 색깔도 잘 나올 거 같고!"

이 말에 원장님도 "정말 괜찮다. 더 잘됐다."며 다시 가세합니다. 그러자 조금씩 통곡이 잦아들기 시작했습니다.

"진짜 괜찮네! 거울로 한번 자세히 봐요."

통곡은 더욱 잦아들었습니다. 하늘을 찌를 듯하던 소녀의 슬픔이 2~3분 만의 감언이설로 마무리되는 순간이었습니다.

저는 이 상황이 도무지 이해되지 않았습니다. 여학생은 왜 그렇게 막무가내로 울어야 했을까? 주위 사람들은 왜 그 한 명을 위해 하던 일을 모두 멈추어야 했을까? 아니면 어떻게 대처했어야 할까? 웃어넘기고 말기에는 마음 한구석이 개운하지 못했지만, 이내 평상심을 되찾은 저는 잘 다듬어진 머리에 만족해하며 미용실을 빠져나왔습니다.

그러고 나서 한 달쯤 후에 다시 그 '슬픈 미용실'에 갔습니다. 원장님이 언제나처럼 반갑게 맞아주십니다. 저는 문득 지난번 사건이 생각나서 물어보았습니다.

"그때 학교에서 일하시는 분 아니었으면 힘들었지요?"

"그럼요. 정말 고맙더라고요. 덕분에 잘 해결됐고요. 그런데 그 학생 정말 이상했어요."

"뭐가요?"

"염색할 때는 눈물도 그치고 얌전히 있더니 염색이 다 끝난 다음에 갑자기 생떼를 부리는 거예요!"

"잉?" 저는 또 무슨 사태인가 싶어 아연실색했지요.

"자기가 염색을 공짜로 바라는 것처럼 보이니까 염색 비용은 내겠고, 그 대신 자기 머리를 그렇게 만든 선생님 앞머리를 똑같이 자르겠다고……. 막무가내였어요. 옆에서 기다리던 다른 학생들도 다들 놀랄 정도로요."

이 엽기 드라마 같은 사실에 저는 경악을 금치 못했습니다.(이건 정말 실화입니다.) 주위 사람들이 모두 뜯어말려 간신히 수습했다는 이야기를 들을 때는 공포감마저 느껴질 정도였지요. 이상한 것은 그뿐만이 아니었습니다.

"그런데, 얼마 전에 와서 커트 한번 더 하고 갔어요."

저로서는 이해할 수 없는 상황의 연속이었지요. 하지만, 그때는 미용실의 모든 선생님들이 정보를 공유하고 있었기에 아무 탈 없이 넘어갈 수 있었답니다. 어떻게 보면 그 여학생은 미용실 선생님 모두를 길들인 셈이지요.

"저라면 가만 안 있었을 거예요."

제가 말을 거들자 원장님은 또 한숨을 내쉽니다.

"야단을 쳐볼까도 했는데 그냥 좋은 말만 하고 말았어요. 요즘 아이들이 다 그렇다고 말하기도 뭐하고, 그냥 정신적으로 이상한 아이인가 봐요."

정신적으로 이상한 아이……. 이 사건은 이후로도 오랫동안 제 기억에 남았습니다. 다만, 그 여학생을 단순히 정신이상자 취급을 할 문제는 아니라는 생각이 들었습니다.

그녀에게 자신의 머리 스타일은 삶의 전부였을지도 모릅니다. 머리카락이 잘못 잘린 순간 자신의 모든 것을 잃었다는 생각에 '멘붕'(멘탈붕괴)이 돼서 그처럼 극렬한 반응을 보였을 것이고요. 만약 그렇다면 어째서 머리 스타일이 그 아이의 전부가 되었을까요?

생각해보건대, 그 여학생은 자신의 눈높이로만 세상을 봐왔을 것입니다. 누가 무어라 하건 '내 멋대로' 표현하며 살아온 거지요. 분명히 그것도 삶의 한 방법이겠지만, 혼자서 사는 세상이 아니라는 사실을 누군가는 일깨워주었어야 하지 않을까요?

아마도 그녀 주변의 모든 사람이 아예 관심을 끊었을 것만 같습니다. 어쩌면 소녀는 지금까지 '아무에게도 인정받지 못했다'라는 자격지심을 가지고 있었을지도 모르지요. '사고가 난' 미용실에 다시 왔다는 것은 가볍게 생각하면 감정의 기복일 수 있겠지만, 다른 각도에서 보자면 아이들의 재빠른 상황판단 능력으로 이해할 수도 있습니다. 중요한 것을 갖추지 못했더라도 더 중요한 것을 찾아갈 수 있는 순발력을 보여준 것, 요즘 젊은이들의 단점이자 장점일 것입니다.

세상은 어른들만이 만들어 나가는 게 아닙니다. 그렇다고 젊은이들이 좌지우지할 수도 없지요. 더불어 살 수 있어야 합니다. 그런데, 함께 살아가려는 노력은 나만 모나지 않는 정도여서는 미흡합니다. 더불어 사는 데 익숙지 못한 상대방을 잘 이끌어주는 지혜, 이해해줄 수 있는 아량과 용기가 필요할 것입니다. 바로 우리 어른들에게 말입니다. 아이들을 더욱 배려해주고 그 한편으로 잘못에 대해서는 따끔하게 타이르는 게 당연한 사회에서는 약간의 커팅 실수로 미용실이 뒤집어지는 일 따위는 아마 없겠지요.

학교에서 이상한 일들이 일어나고 있다

그리고 보면 요즘 이상한 학생들이 참 많습니다. 어느 중학교에서 엄마들이 급식을 도와주고 있는데, 자기가 먹기 싫은 반찬이 나왔다고 바닥에다 음식을 그냥 버리더랍니다. 어떤 녀석들은 아예 식판을 엎어서 식당 바닥에다 음식을 내동댕이치기도 하고요. 그 말을 듣는 순간 머리끝까지 피가 솟구쳤지만, 이내 '한숨'이라는 편리한 수단으로 화를 발산시키고 말았지요.

그러고 나서 며칠 후에는 이런 이야기도 들었습니다. 여럿이 몰려다니며 아이들에게 '삥'을 뜯고 자기들과 함께 슈퍼에서 물건을 훔치지 않으면 '왕따'를 시켜버린답니다. 엄마가 돈을 안 주면 훔쳐서라도 가져오라고 시키기도 하고요. 이런 식으로 학교에는 묘한 먹이사슬이 형성돼 있는 모양입니다. 이른바 '짱 〉 힘 있는 아이 〉 중간 찌질이 〉 순하거나 이상한 아이' 순으로요.

이상한 학생들 못지않게 이상한 부모들도 적지 않은가 봅니다. 자기 아이를 혼냈다고 아빠가 학교에 찾아와서는 교무실을 완전 뒤집어엎지를 않나, 아이에게 한 자리 시켜주겠다고 학교를 난장판으로 만들어놓지를 않나, 심지어는 아이들끼리의 사소한 일로 열 받은 부모가 상대 아이의 부모와 장소를 불문하고 대판 싸우는 경우도 있다고 하네요. 부모의 이 같은 '학교 습격 사건'이 신문 사회면을 장식하는 일도 요즘에는 잦고요.

여기에, 이상한 선생님이 없는 것도 아니랍니다. 공부 못하는 아이는 사람 취급도 하지 않는 선생님들도 꽤 있고, '대학 교수 자식은 공부 잘하는 유전자가 있다'고 아이들에게 당연한듯이 말씀하시는 선생님도 있답니다. 편애가 횡행하고, 치맛바람 컨트롤도 못하면서, 아이들에게 이상한 사상 교육을 시키는 선생님도 있다는데 참 갑갑하지요. 정말 소중한 가치들은 다 빼먹고 세속적인 원리만 보여주면서도 아이들 앞에서는 지고지존의 스승이 되는 것은 아무래도 이상하지요.

저 스스로도 그러지 않았는지 심각하게 생각해봅니다. 물론, 선생 대접도 제대로 못 받으면서 '선생 노릇'을 해야 하는 고초를 모르는 바 아니지만, 선을 넘지는 말아야지요!

예부터 부부는 7천 겁劫의 인연으로 맺어지고 부모 자식 간은 8천 겁, 형제자매는 9천 겁의 인연이라고 했습니다. 그 다음, 1만 겁의 인연이 있습니다. 바로 사제지간입니다. 부모의 덕으로 육신을 갖지만, 마음의 눈을 뜨는 데는 스승의 가르침이 있어야 하기 때문에 더욱 귀한 인연이라는 것이지요.

그런데, 아이들에게 듣는 학교 선생님, 신문방송에서 보도되는 대학 교수들 이야기는 참으로 걱정스럽습니다. 귀한 인연이기는커녕 악연이나 아니면 다행일지 모릅니다. 어쩌면 우리 교실 대학원생들도 저를 엄청 걱정할지도 모를 일이지요. 대학 교수들의 가장 큰 오해는 '다른 연구실과는 달리 우리 연구실 학생들은 나를 좋아할 것이다'라고 생각한다는 것이랍니다.(우리 큰 녀석이 그리 말하더군요.ㅠㅠ)

'공부 못하는 아이들은 그냥 잠이나 자라!'라고 말하는 고등학교 선생님과, 힘 있는 사람 주위를 맴도는 교수님들, 그리고 학생과 선생님이 머리채 붙잡고 싸우는 모습……. 지식의 전달자로만 인식되는 선생님과 학생들의 관계 또한 안타깝기는 매한가지입니다. 어느 학교에서는 '선생님들은 인성교육 할 필요 없이 공부만 열심히 가르치면 된다!'라고 학부모들이 항의까지 했답니다. 과연 지식을 잘 전달하는 게 선생님의 최고 덕목일까요?

이런 현실 아래서 아이들은 세상 누구도 믿을 수 없게 됩니다.

선생님도 믿을 수 없고 내 마음을 몰라주는 부모님과도 이야기가 통하지 않습니다. 자연히 불만이 생길 수밖에 없지요. '엄친아'라고 해서 마음 놓을 일은 못 됩니다. 지금 당장에야 순종하지만, 대학에 들어오면 한순간에 무너지는 녀석들을 정말 많이 보고 있습니다. 엄마 아빠는 그런 줄을 잘 모르시지요. 학교에서 가져오는 성적표에는 아무 이상 조짐이 없었으니까요.

아이에게 '즐거운 나의 집' 찾아주기

하루 일과가 끝나면 아이들은 대개 지쳐서 집으로 돌아옵니다. 개중에는 만족스런 하루에 씩씩하게 오는 아이들도 있겠지만, 어떤 녀석들은 세상의 온갖 고민을 마음에 담아 집 문을 들어서기도 합니다.

그런 아이들에게 부모님들은 안쓰러움을 느끼게 마련입니다. 그리고 식사 자리에서 아이를 다독이지요.

"얘야, 조금만 참자. 대학 가면 다 나아질 거니까. 일단 공부를 열심히 해서 선택의 폭을 넓히면 네가 정말 좋아하는 걸 할 수 있을 거야."

부모님은 위안을 핑계 삼아 지친 아이를 더욱 세차게 몰아붙입니다. 그러면서 스스로에게도 끊임없이 자기최면을 걸지요. 이상과 현실은 다르다, 라고…….

이런 부모님들을 마냥 탓할 수만은 없다는 걸 저는 너무나 잘 알고 있습니다. 저부터도 밖에서는 입바른 말만 하다가도 집에 오면 전혀 다른 모습을 보일 때가 많으니까요. 그러던 것이 최근에는 조금씩 다른 생각이 들기 시작했습니다. 적어도 부모님 중 한 분은 아이의 숨통을 틔어줄 필요를 느끼게 된 것입니다. 이유는 많습니다!

첫째, 부모가 똑같이 몰아붙이면 아이는 정말 숨이 막혀 죽을지도 몰라서입니다.

둘째, 대학 생활은 엄마 아빠 생각과는 달리 '지옥'입니다.

셋째, 아이들이 세상 악다구니 속에서 여유를 찾을 유일한 장소는 게임방도 아니고 술집도 아닌 바로 우리 집입니다.

넷째, 아이에게 세상살이의 지혜를 가르쳐줄 누군가가 꼭 필요하기 때문입니다.

말로만 '공부가 전부는 아니다'라고 할 게 아니라, 아이와 함께하면서 '공부가 전부는 아닌 세상'을 보여줄 수 있다면 좋겠습니다. 아빠든 엄마든 누구 한 분이서 말입니다.

지금 막 우리 아이가 "감기 때문에 죽을 것 같아서 더는 공부 못 하겠어요."라며 이불 속으로 들어갑니다. 엄마는 그런 아이에게 "감기 걸린다고 죽진 않는다."라고 핀잔을 주며 함께 꿈나라로 갑니다. 설마 이 상황에서 "그럼 약 먹고 나서 빨리 공부해!"라고 하시는 부모님은 안 계시겠지요?

부모가 자녀에게
해야 할 도리

　레오나르도 다빈치의 불후의 명작인 〈최후의 만찬〉은 예수가 그를 따르는 12명의 제자와 저녁식사를 하는 모습을 그린 그림입니다. 이 그림에는 예수가 제자들과 함께 편안하게 시간을 보내는 장면이 묘사되어 있습니다. 그런데, 원래 그림에서는 그 장면이 아니었답니다. 애초에는 예수가 나중에 성배라고 불리게 되는 포도주잔을 높이 들고 있는 모습을 그렸다고 합니다. 그랬던 것이 어째서 포도주잔이 사라졌느냐! 여기에는 그럴 만한 사연이 있었습니다.
　예수가 찬란한 성배를 높이 들고 있는 그림을 완성한 다빈치가 친구에게 자신의 역작을 보여주자, 친구는 "정말 명작이네. 감동적이야!"라며 감탄을 아끼지 않았답니다. 마음이 뿌듯해진 다빈치는 그 친구와 저녁을 함께하며 즐거운 시간을 보냈습니다. 그런데, 이때 그 친구가 이런 칭찬도 곁들였답니다.

"예수가 들고 있는 잔이 너무 고귀하고 아름답게 보이네."

이 말을 들은 다빈치는 흠칫 하며 집에 돌아오자마자 곧바로 그림을 고쳤습니다. 처음 그린 그림에서 예수를 묘사한 부분을 완전히 지우고 지금의 평범한 포도주잔으로 바꾸어 다시 그린 것이지요.(그림 전체를 다시 그렸는지, 아니면 그 부분만 다시 고쳤는지는 잘 모르겠습니다.)

이렇게 해서 완성된 작품을 공개하는 날, 그림을 본 사람들의 감탄이 끊이지 않았습니다. 그런데, 처음 묘사한 그림을 알고 있던 친구는 왜 그림을 고쳐 그렸는지 의아해하며 다빈치에게 그 이유를 물었습니다. 그러자 다빈치는 덤덤한 어조로 대답했다고 합니다.

"이 그림에서 가장 중요한 것은 예수님인데, 예수님보다 포도주잔에 더 관심이 갈 수 있다는 생각이 들었네. 그래서 다시 그렸지."

아이에게 부모는 어떤 존재일까?

부모들은 왜 학군이 좋은 동네로 이사를 하면서까지 아이들을 좋은 중고등학교에 진학시키려 할까요? 정답은, 좋은 대학 보내기 위해서입니다.

다음 문제! 왜 좋은 대학에 보내려 할까~요? 이 정답도 간단합니다. 좋은 직장 갖게 하려고요. 그러면 왜 좋은 직장을 갖게 해주려는 걸까요? 정답은 성공하는 인생을 살게 해주기 위해서지요.

이제 마지막 질문입니다. 왜 성공하는 인생을 살게 하려는 걸까요? 바로 '아이의 행복'을 위해서일 것입니다. 요약하자면, 좋은 학교가 있는 동네로 이사를 가려는 궁극적인 목적은 자녀가 행복하게 사는 데 도움을 주기 위해서입니다. 다만, '이사'를 할 당시에는 가장 중요한 게 아이의 행복이라는 사실을 피부로 못 느끼고 있을 뿐이지요. 예수보다 성배에 마음을 빼앗겨버린 다빈치의 친구처럼요…….

그 때문에 아이가 행복한 시간보다 '행복하게 되기 위해 보내야 하는 시간'이 몇 배나 더 길어지는 거지요.

자신을 희생하면서까지 자녀들을 잘되게 만들려는 부모들을 주위에서 어렵지 않게 접하곤 합니다. 부모들은 왜 아이의 교육에 모든 것을 바치려 할까요? 아마 이런 우문이 없을 것입니다. 너무나 당연한 것으로 여겨지니까요. 그런데 막상 이 질문에 대해 명확한 답을 내놓기란 생각처럼 쉽지 않습니다.

성공한 자식에게 노후에 의지하며 살고 싶어서일까요? 아니면 자식 덕으로, 내가 못 누렸던 부귀영화와 신분 상승을 바래서일까요? 내 몸의 일부인 아이가 편안하고 행복하게 살기를 원해서일 수도, 성공한 자식을 통해 우리 가문의 우수성을 남들에게 자랑하고 싶어서일 수도 있겠지요. 이도 저도 아니라면, 그냥 '아이들을 잘 키우는 게 재미있어서'라는 대답도 가능할 것입니다.

이 모든 이유를 합친다면 '자식이니까'라는 대답으로 정리될 것 같습니다. 부모에게 자식의 존재는 그만큼 크고, 생물학적 그리고 영적으로 연결되어 있습니다. 세상의 많은 것을 공유하고 부모가 가진 모든 것을 물려주려는 것은 바로 그 때문일 것입니다. 그런 의미에서 아이의 미래에 대해 부모는 어느 정도의 '지분'을 가지고 있다고도 하겠습니다. 그만큼 투자했고 또 연결되어 있으니까요.

이번에는 반대로 생각해보지요. '부모는 어떤 존재인가?'라고 아이들에게 물어보는 경우입니다.

아이들은 이 물음에 대해 아주 간단하고도 명쾌한 답을 합니다. '나를 낳아주신 분' 아니면 '길러주신 분'이라고 대답하지요. 세상을 볼 수 있게 나를 만들어주시고 또 세상에 나갈 수 있을 때까지 보살펴주신 데 대한 감사의 의미가 진하게 묻어 있지요. 아주 희박한 확률로 "왜 나를 낳았어!"라며 반항하는 아이가 있기는 해도 대다수 아이들은 부모에 대한 은혜를 잊지 않습니다.

사실 따지고 보면, 아이가 원해서 세상에 태어난 것은 아닙니다. 부모의 바람에 의해 세상에 나온 것이지요. 발생학적으로도 아기가 스스로 태어나고 싶었던 게 아니라, 난자와 정자가 합쳐지는 수정의 과정을 통해 만들어지는 게 아기입니다.

그럼에도 불구하고 옛 선인들부터 오늘날의 교육자에 이르기까지 하나같이 나를 낳으신 부모님은 물론 내가 만들어진 그 '사건'조차 감사히 여겨야 한다고 가르치고 있습니다. 학교에서는 물론, 자식의 도리에 관한 가르침을 다룬 서적이나 〈심청전〉 같은 권선징악의 민화 등에서도 수없이 다루어지고 강조되고 있지요.

그런데, 이처럼 자식이 부모에게 해야 할 도리가 있다면 반대로 '부모가 아이에게 해야 할 도리'는 어떠해야 할까요? 낳은 책임이 있으니 그저 맹목적인 헌신이 답일까요?

현명한 헌신이란 없다

최근 들어 부모의 '헌신적인' 행동이 많은 문제가 되고 있습니다. 계층 간 위화감이나 아이들이 감당하기 어려울 정도의 스트레스 등등 말도 많고 탈도 많습니다. 신문이나 방송에 곧잘 등장하는 '비뚤어진 모성애'라는 타이틀은 이제 낯설지도 않습니다.

심지어는 부모의 헌신적인 뒷바라지 때문에 아이가 세상을 등지기까지 합니다. 헌신에 대한 부작용의 피해자는 부모라고 예외일 수는 없습니다. 억장이 무너질 것입니다. '내가 무엇을 잘못했다고?'라는 생각이 드는 거지요. 자식을 위해 모든 걸 바치고자 했을 뿐이니 답답하고 억울해할 만도 합니다.

하지만, 헌신獻身은 글자 그대로 '나를 온전히 바치는' 것입니다. 어떤 계산이나 내 잇속이 끼어들 여지가 없는 거지요. 그렇기 때문에 현명한 헌신은 있을 수 없습니다. '무식한 헌신'만 있을 뿐이지요.

이를 위해서는 자식의 미래에 나의 바람을 섞지 말아야 할 것 같습니다. 노후 대비든 부귀영화든 가문의 영광 따위가 내 아이의 행복을 가리고 있지는 않은지 스스로를 돌아볼 수 있어야 하겠지요.

그런 바람을 덜어낸 채 그저 아이들과 더불어 행복하게 사는 데 초점을 맞춰보면 어떨까요? 아마도 모든 게 좋아질 것 같다는 생각이 듭니다. 내가 어떻게 키웠는데, 왠지 밑지는 거 같다고요? 아이들은 부모에 대한 보은을 잊으래야 잊을 수 없습니다. 귀가 닳고 눈이 닳도록 듣고 보며 배우니까요. 그런 교육적 효과를 믿고 아이들 본인의 마음에 모든 걸 맡겨보면 어떨까요?

막 태어난 갓난아이에게는 '쑥쑥 크고 튼튼하게 자라거라'라는 게 모든 엄마의 바람 중 하나일 것입니다. 그런데, 발육을 돕는답시고 엄마 젖 대신 이유식을 서둘러 먹인다고 해서 아기가 빨리 자라지는 않습니다. 오히려 먹은 걸 제대로 소화시키지 못해 탈이 나기만 할 뿐이지요. 그보다는 엄마의 '몸으로 만들어낸' 모유를 제 시기에 먹이는 것이 우유는 감히 비교도 안 될 만큼 아이에게 도움이 됩니다.

미래의 무언가를 이루기 위해 남들보다 앞서는 것도 중요하겠지만, 지금 그대로의 나와 내 아이에게 집중하는 게 좋을 것 같습니다. 이것이 결국 아이를 더욱 튼튼하고 올바르게 만드는 지름길일 테니까요.

한편으로, 엄마가 아무리 모유를 먹이려고 해도 아기는 배가 부르면 절대로 젖을 빨지 않습니다. 이때는 아기를 배고프게 해야 합니다. 자녀교육에서 아이에 대한 '포기'의 명분인 셈이지요. '포기'는 아이에 대한 모든 기대를 저버린다는 뜻이 아닙니다. 정확히 말하자면 아이를 포기하는 게 아니라, 아이의 참 행복을 가로막는 부모님 생각을 포기해야 한다는 것이지요.

맨눈으로 보아야 하는 아이들

우리의 자녀들이 세상을 이끌 20년 후는 어떤 세상이 펼쳐질까요? 50~60년대는 배고프게 살았던 시대였습니다. 70~80년대는 앞만 보고 뛰었지요. 그리고 90년대부터 지금까지는 경제 발전의 혜택을 조금씩 누리며 살고 있습니다. 부모들은 그런 시절을 숨 가쁘게 달려와 세상 속에 저마다의 자리를 움켜쥐었지요.

요즘 아이들이 마주하게 될 세상은 좀 더 드라마틱해질 것 같습니다. 정의를 위해 갈등하고 분노하는 시대에 아이들이 태어난 것은 분명하니까요. 그런데 다음의 세상이 어떨지는 잘 모르겠습니다. 지금보다 더욱 풍요로운 사회에 살게 될 수도, 아니면 무질서한 사회의 구성원이 될 수도 있습니다. 예지자가 아닌 이상 그 답을 알 수는 없지만, 요즘 아이들이 살아가는 모습을 유심히 바라보면, 어떤 사회 분위기 속에서 살아가게 될지 아주 조금은 엿볼 수 있을 듯합니다. 그래서 아이들을 '미래를 보는 창'이라고 그러는 거 아니겠어요.

단, 아이들의 모습에서 미래를 엿보고자 할 때는 맨눈으로 봐야 합니다. 돋보기라면 모를까, 괜한 색안경을 끼고 있어서는 곤란합니다. 부모의 헛된 바람, 욕심이 덧칠된 안경을 쓰고 봤자 그렇게 될 리도 없고 아이만 힘들게 할 뿐이니까요.

아이에 대한 포기와 헌신의 미덕은 그래서 더욱 중요합니다. 지금의 세상은 이기는 방법만을 가르치려고 할 뿐 '포기'할 줄 모른다는 게 너무도 아쉽습니다. 부모의 역할을 '아이가 가진 꿈을 키워주는 것'으로 정의할 때 아이의 꿈이 모든 판단 기준의 중심이 되는 것이지요. 그 꿈을 이룰 수 있다면 부모의 몇몇 바람은 포기해도 좋지 않을까요?

다빈치가 그리 한가한 것도 아닐 텐데, 애써 완성한 그림을 다시 그렸듯이 정말 중요한 원래의 목적을 되찾는 게 삶의 지혜가 아닐까 합니다. 그로 인해 비로소 아이의 행복, 우리 가정의 행복이 시작될 테니까요.

공부는 중요하다.
하지만 가장 중요하지는 않다

사람의 생生을 시기에 따라 나누기란 참 어렵습니다. 그냥 편하게 생각해보면 대충 세 과정으로 나눌 수 있을 듯합니다.

첫째, 배움을 통해 인성을 기르고 내 적성을 자각하는 시기

둘째, 자신이 선택한 일에 올인해 '나의 색깔'을 만드는 시기

셋째, 내가 만든 기반을 토대로 생을 가꾸고 정리하는 시기

이렇게 구분해보니까, 결국 유소년 및 청소년기, 청년 및 중년기, 그리고 장년과 노년기로 나뉘는 인생 구분과 비스무리해지는 것 같습니다. 그러면 각각의 시기에는 어떤 일들이 필요할지도 한번 생각해보겠습니다.

인생의 제일 첫 번째 시기에는 기본적인 소양을 갖추기 위한 노력

이 필요하겠지요. 예컨대 예절이나 도덕, 이런 것들은 어떤 면에서 학교보다 가정의 역할이 더 클지도 모르겠습니다. 그리고 적성 발굴을 위해서도 많은 노력이 필요한데, 여기에는 부모님이나 선생님의 역할보다는 본인의 태도가 더욱 중요할 것입니다.

두 번째 시기에는 자신만의 색깔과 전문성을 가지기 위해 열심히 살아야 합니다. 어찌 보면 인생에서 가장 바쁜 시기라서 자신의 목표를 최우선 과제로 설정하여 앞만 보고 뛰어야 할 때입니다. 나이로 보자면 20대 후반부터 40대 정도가 되겠지요.

이 시기가 지나면, 추수 때 곡식을 수확하듯이 그때까지 노력한 대가를 챙겨 자신의 삶을 윤택하게 만드는 시기가 옵니다. 장년과 노년기이지요. 이때는 자신의 삶을 여유 있게 바라보면서 인생을 보다 멋있게 정리하는 지혜가 필요할 것입니다. 주위를 둘러보며 그간 소홀히 했던 걸 챙겨야 하지요.

내 적성을 아는 것과 몰입이 성공의 비결

앞의 시기 구분은 이제껏 제가 살아왔던 시간들이기도 합니다.

세상이 많이 변하기는 했어도 이 패턴만큼은 큰 변화가 없는 것 같습니다. 제가 중고등학생이었을 때에도 지금 학생들같이 명문 대학 입학을 목표로 열심히 공부했지요. 대학에 들어가서 접하는 정치적인 문제들을 제외하면 우리에게 가장 부각된 문제는 '소외'였을 것입니다. 어쩌면 요즘 문제되고 있는 '왕따'와 비슷한 것 같기도 합니다.

대학을 졸업할 때는 '대학원이냐, 취직이냐'를 놓고 고민하였지요. 어쨌든 일단 방향이 정해지면 그 목표를 향해 저돌적으로 돌진했습니다. 그래서 지금의 우리가 되었지요. 대한민국 근로 인력의 핵심이 되었습니다.

이제 두 번째 시기를 마무리하며 50대를 바라보는 지금, 적어도 외형적으로는 고교 동창이나 대학 동기들 중 성공한 사람과 실패한 사람이 자연스레 생깁니다. 아니, 성공과 실패라는 용어보다는 '안정'과 '불안정'한 삶을 기준으로 나누는 게 더 정확할 것 같습니다.

'무엇 때문에 그렇게 차이가 나게 되었을까' 곰곰이 생각해본 결과, 앞에서 적은 '하나의 우물론'으로 가닥을 잡을 수 있었습니다. 졸업 후 어떤 길을 선택했건 같은 길을 쭈~욱 걸어온 사람은 거의 모두 안정적인 삶을 찾은 것 같더군요. 물론 두 우물 또는 세 우물을 파다가 막판에 한 우물에 정착해 안정적인 삶을 찾은 사람도 있지만, 자신의 진로를 바꾼 햇수만큼 생활의 안정화가 늦어지는 경우가 많았지요.

이렇게 생각해보니 '선택'이란 게 참 중요하다고 느껴졌습니다. 그리고 좀 더 깊이 생각하면, 선택 그 자체보다는 자신의 적성에 맞는 일을 찾았는지가 더욱 중요할 것 같습니다. 물론 내가 선택한 일을 얼마나 열심히 하는지도 간과할 수 없겠지요.

본인 적성에 따~악 맞는 일을 하는 사람과 그렇지 않은 사람의 생활에는 엄청난 차이가 생깁니다. 자신이 좋아하는 일을 하는 편이 훨씬 수월하고 능률도 오르므로 결과도 훨씬 낫겠지요. 반면에 내가 선택한 일이 나의 적성에 맞지 않는다면 아무래도 일에 대한 집중력이 떨어질 수밖에 없습니다. 그러다 보면 경쟁에 뒤처지게 되고 사는 것도 별반 재미가 없어집니다. 열정 대신 의무감에 떠밀려 일을 하다 보면 오래지 않아 삶에 대한 회의마저 느껴질 것입니다. '내가 왜 이러고 살아야 하나……' 하고요.

실패하기 위해 어떤 일을 선택하는 사람은 세상에 없을 테니, 한 우물을 파건 그렇지 않건 삶의 명암이 엇갈리는 것은 결국 어떤 일을 선택한 다음의 '과정'에 달린 것 같습니다.

정리하자면, 선택은 분명 중요하겠지만 그 자체보다는 '본인이 좋아하는 일을 찾았는지'와 선택 이후에 '그 일에 얼마나 몰입하였는지'가 삶을 안정과 불안정으로 가를 것입니다.

모든 문제의 출발점은 청소년기다

한 우물 파기를 위한 적성 찾기는 청소년 때에 더욱 중요합니다. 이미 대학에 들어온 다음이라면 늦은 경우가 많지요. '청소년기에는 오로지 공부!'를 주장하는 사람들이 많은데, 자신의 적성을 모른 채 공부만 잘해봤자 여러 우물만 파기 십상입니다. 이 우물 저 우물 파는 게 더욱 문제인 것은 아무리 파도 내가 원하는 물이 안 나올 때입니다. 이게 사람을 정말 피곤하게 만듭니다.

이처럼 중요한 적성 찾기인데, 요즘 아이들은 일단 시간이 너무 없습니다. 우리 때도 과외다 뭐다 하면서 정신없이 지냈지만, 나름대로 틈은 있었지요. 사회 자체가 허점이 많았던 때였으니까요. 그에 비해 요즘 아이들은 24시간 바른 생활을 요구받고 있습니다. 좋은 대학을 가려면 여가 시간도 완벽하게 세팅해야 합니다. 이처럼 빡빡한 일정이 아이들의 사고를 틀에 가두지요.

얼마 전 휴일에 박물관에 갔을 때였습니다. 많은 아이들이 전시물 앞에서 엄마나 선생님 설명을 받아 적고 있는 걸 보았는데, 좀 그렇더라고요. 입시 평가항목 중 상당수가 과외 생활과 관련되어 있습니다.

우리 때에는 학교와 가정생활의 빈틈(?)을 활용해 간간이 숨을 돌릴 수 있었고 뭔가를 생각할 여유도 있었던 것 같은데, 요즘 아이들은 그렇지 못합니다. 게다가, 옛날보다 아이들이 혼자 있는 시간도 더욱 늘었습니다. 여성의 사회참여가 늘어난 영향일 텐데, 아이들 하루 생활의 시간표가 전부 제각각이라 방과 후에는 친구들 만나기도 쉽지 않지요.

이러다 보니 본인이 좋아하는 일이나 적성을 찾을 수 있는 기회가 크게 줄었습니다. 마땅히 대화를 나눌 상대도 없습니다. 자신이 좋아하는 것을 찾고, 인생을 설계하고, 살아가는 법을 배워야 할 시기에 아이들은 외롭게 팽개쳐지고 맙니다. 이 상태에서 아이들의 삶은 수

능 성적에 의해 결정되어 버립니다.

아이들은 대학에 들어와서야 겨우 숨을 돌릴 수 있습니다. '모든 과업을 끝냈다'고 생각하시는 부모님들이 그제서야 얼마간의 자유를 허락해주시지요. 비로소 아이들은 본격적으로 친구와 사회를 접하게 됩니다. 그런데, 자신이 아는 것과 참 많이 다르다는 사실을 이내 느끼게 되고, 이에 화들짝 놀란 아이들은 그때서야 자신의 삶과 좋아하는 일을 찾기 시작합니다.

그러다 보면 대학 시절은 물론 졸업하고 사회에 나가서도 인생 설계로 고민하는 일이 드물지 않지요. 인생의 목표를 향해 한창 '돌격'하고 몰입해야 할 시기에 뭘 해야 할지도 모르는 채 말이지요. 결국 서두르게 되고 이 우물, 저 우물에 마음이 가게 됩니다.

이 모든 문제의 시발점이 청소년기라는 점을 부모님들이 아셨으면 좋겠습니다. 물론 외형적인 지원만으로 해결될 문제는 아닙니다. 본인 스스로의 노력과 부모님의 관용이 정말로 필요하지요.

하지만, 참 난감합니다. 내 적성을 알기 위해서는 어려서부터 많은 경험을 하고 사고해야 되는데, 좋은 대학 입학을 생각하면 그 같은 자유를 마냥 줄 수도 없기 때문이지요. 현실은 현실이니까요.

이 실타래를 풀어주는 게 부모의 역할 중 하나일 것입니다. 그러기 위해서는 먼저 한 가지 사실만큼은 받아들여야 할 것 같습니다. 공부는 중요하지만 가장 중요하지는 않다는 사실……. 아이가 진정으로 좋아하는 일을 찾을 수만 있다면 앞으로의 세상에서는 그게 행복의 첫 번째 조건이 될 테니까요.

아이가 자신의 색깔을 찾을 수 있도록 조금 숨 돌릴 수 있는 기회를 주는 역할을, 엄마가 됐든 아빠가 됐든 누구 한 분은 맡아주시는 게 어떨까요?

행여 그렇게 하다가 다른 아이들보다 뒤처지는 게 아닐까 걱정할 필요는 전혀 없습니다. 오늘날의 세상은 다양성과 소통의 시대입니다. 자유의사에 의한 선택은 삶을 성실하게 만드는 데 절대적으로 필요한 조건이고, 그 다양성 또한 존중받아야 마땅하지요. 무엇을 하건 열심히 살아가는 삶 그 자체를 폄훼해서는 절대 안 됩니다. 단, 아이들의 자유의사를 존중한다고 해서 열심히 공부하지 않아도 된다는 것은 아닙니다. 아이들에게 책임의 덕목 또한 필요한 이유이지요.

아무리 시대가 바뀌어도 삶의 목표에 집중해 열심히 사는 것만큼 안정된 삶을 보장하는 건 없을 것입니다. 성공하는 삶은 선택의 문제가 아닌 성실의 문제이니까요. 노력하는 사람을 당할 수는 없다는 것 또한, 어쩌면 참 다행스러운 세상의 이치입니다. 죽을힘을 다해 노력했는데 아무것도 이룬 게 없다면 너무 슬플 테니 말입니다.

아버지의 역할은
여전히 막중하다

　별로 모범적인 아버지가 아닌 저는 '좋은 아버지의 덕목은 과연 무엇일까?'라는 질문을 스스로에게 가끔 던집니다. 특히 아이들과 한바탕 했을 때나 이런저런 이야기 끝에 마음이 싸~아할 때 그런 생각을 하곤 하지요. 결론부터 말하자면 '좋은 아버지'의 정의는 빈칸으로 남기고 싶습니다. 좋은 아버지나 나쁜 아버지, 그리고 좋은 엄마와 나쁜 엄마의 구분은 할 수 없고 해서도 안 된다고 생각하기 때문입니다. 모든 부모는 다 좋은 아버지이고 좋은 엄마입니다.
　자식에 대한 사랑이 없는 부모는 세상에 없습니다. 생태학적으로도, 생물학적으로도 그렇지요. '새끼'는 바로 자신의 분신이니까요. 세상을 떠들썩하게 하는 패륜아가 가끔은 있어도 그에 비해 패륜 부모는 훨씬 적습니다. 물론 그렇지 않은 사람들도 있긴 하지만 생물학적으로 변종인 극소수뿐이지요.

이 같은 생각의 변호를 위해 몇 가지 자문을 해봅니다. 어려운 삶을 꾸리는 데 지쳐 아이들과 함께할 시간이 없는 가장은 나쁜 아버지일까? 자식을 잘되게 하기 위해 잔소리를 하고, 때로는 윽박지르기도 하는 아버지가 악인일까? 자식이 잘못했을 때 체벌을 하는 아버지는 폭력 아빠로 잡아들여야 하나?

우리는 지금까지 학교에서, 직장에서, 그리고 사회에서 너무나 많은 이분법적 논리에 시달려왔습니다. 그렇게 둘로 나뉘어 상대방에 대한 분노의 힘으로 우리나라가 발전해온 측면도 있지만, 그 때문에 지금처럼 삭막한 사회가 되었는지도 모르겠습니다. 이런 이분법적 생각은 좋은 말로 하면 견제심리, 나쁜 말로 풀면 '남 잘되는 꼴을 못 보는' 우리나라 사람들의 전형적인 속성으로 굳어진 것 같습니다. 그 같은 사회 갈등 요소가 내일 당장에라도 나라를 망하게 할 것 같지만, 우리나라는 망하지 않았고 오히려 다양한 의견 충돌과 서로를 미워하면서 쌓인 '내공'으로 세상 살기는 점점 더 나아졌지요.

아버지에게 꼭 필요한 아버지다움

자녀교육 지침서와 가이드가 수도 없이 출판됩니다. '좋은 부모가 되려면 이렇게 해라', 혹은 '이것만은 하지 말라'며 가르칩니다.

그런데, 이제는 세상이 너무나 다양해지고 복잡해졌기 때문에 지금까지 배웠던 '좋은 부모'의 모범 덕목들이 과연 그대로 통용이 될지 의문이 듭니다.

엄마한테 대든 아이를 따뜻한 미소로 품을 수도, 바깥에서 다른 아이를 두들겨 패고 돌아온 아이에게 '자신감을 가져라'라고 가르칠 수도 없는 노릇입니다. 그런 이유로, 이제껏 이분법적 관점에서 배워왔던 좋은 부모가 되는 덕목을 버리고 새로운 패러다임을 찾아나서야 할 때입니다.

'무無' 또는 '공空'이 되어야만 모든 것을 담을 수 있다고 합니다. 차분히 생각해보면 요즘 아버지들에게 정말로 요구되는 덕목은 '좋은 아빠'가 아닌 '그냥 아빠'로 살아가는 게 아닐까 여겨집니다. 무책이 상책일 수도 있는 거지요. 조금 돌려서 표현하자면 '유연성'과 '순발력'이라고 해도 좋을 것입니다.

결국, 아버지는 자식의 모든 것을 품어 소화시키는 역할을 해야 할 것 같습니다. 자식 못지않은 다중인격(?)을 가져야 할지도 모르겠습니다. 답답하고 꽉 막힌 사람이다가도 금세 모든 것을 포용할 수 있는 모습으로, 때로는 한없이 무섭고 엄하지만 이내 너무나 선한 모습으로 돌아와야 할 때도 있습니다. 가끔은 아이에게 거짓말을 해야 할지도 모르고, 잘못한 아이들을 바로잡기 위해 따끔한 체벌을 가해야 할 때도 있겠지요.

가정은 사회를 만드는 모태이자 세태를 가장 잘 반영하는 거울의 역할을 동시에 하고 있습니다. 모순의 양립이 가능한 장소인 거지요. 이곳에서 부모는, 배우처럼 변화무쌍한 캐릭터를 지닌 아이들을 상대로 영화나 드라마의 감독 역할을 하게 됩니다.

세상에서 요구하는 시나리오에 따라 감독은 작품을 만들어내야 합니다. 어떤 때는 권선징악의 전사를, 또 어떤 때는 남녀 간의 사랑 혹은 돈밖에 모르는 졸부 따위를 묘사해야지요. 이런 다양한 역할을 배우에게 맡겨야 하는 감독의 궁극적 목표는 아주 명확합니다. 좋은 영화나 좋은 드라마를 만드는 것입니다.

이들 감독에게 가장 중요한 덕목은 아마도 '감독다움'일 것입니다. 배우의 다양한 캐릭터를 자신의 작품 속에서 다 포용하고 녹여낼 수 있어야 하지요. 그리고 보면 유명한 배우 생활을 하다가 감독으로 전직한 사람들 중에 실패한 케이스가 많은 것은 어쩌면 '감독다움'이 부족해서가 아닐까요? 지금은 감독이지만 여전히 연기자의 틀을 벗지 못한 거지요.

가정에서 감독 역할을 해야 하는 아버지도 예외는 아닐 것입니다. 지금은 아버지이지만, 한때는 배우 역할을 했던 '자식'이었습니다. 자식에게도 아버지에게도 다중인격의 능력이 있는 거지요. 그 능력을 살려 변화무쌍한 아이를 컨트롤할 '아버지다움'을 갖춰야 할 것입니다. 이것은, 좋은 아버지가 되는 덕목의 문제가 아니라 누군가의 아버지로 살기 위한 기본의 문제입니다.

아버지다움의 원천은 긍정적 사고에 있다

'아버지다움의 원천은 긍정적인 사고에 있다'라는 점을 마음에 새길 수 있다면 좋겠습니다. 아버지 스스로 외쳐야 하고, 믿어야 하고, 또 그렇게 되어야 하지요. 긍정적 사고는 아버지가 아이들의 모든 것을 받아들일 수 있는 필요충분조건이 됩니다. 긍정적인 마인드가 없다면 아이들을 믿기가 참 어려울 것입니다. 늘 '다 잘될 거야'라고 다짐하는 사람과 그렇지 않은 사람의 차이는 실로 큽니다.

아무리 '세상이 그대를 속일지라도' 세상을 믿어야 합니다. 세상을 등지거나 벗어날 수는 없으니까요. 아이들이 아무리 세상을 미워하더라도, 거짓말로라도 세상을 좋게 이야기할 수 있어야 합니다. 아버지에게 '긍정의 힘'이 필요한 이유는 바로 그 때문입니다.

저는 아직까지 중학교 3학년 때 돌아가신 아버지를 제일 존경합니다. 아버지는 제가 원하는 것을 다 들어주셨지만, 때로는 아주 엄격하셨지요. 그래도 손찌검을 하신 적은 거의 없었습니다. 아니, 딱 한 번 있었습니다…….

중학교 때, 토요일에 동네 야구를 하려고 과외 간다며 어머니에게 거짓말을 했던 게 들통이 났습니다. 아버지가 아신 거지요. 우리 집에서는 거짓말하면 '죽음'이었는데, 제 스스로 불길 속으로 뛰어든 불나방 꼴이 되었지요. 그때 난생처음 아버지에게 매를 맞았습니다.

그런데, 그날 밤 화장실에 가려고 나왔는데 혼자서 약주를 드시고 계시는 아버지를 보았습니다. 그때 짠했던 마음은 아직도 생생하고, 절대로 아버지에게 거짓말 안 하기로 마음먹었던 게 기억납니다.

아버지는 일요일이면 늘 늦게까지 이불 속에서 뒹굴뒹굴 하셨는데, 그 다음날 아버지 이불 속으로 들어가 '죄송하다'고 꺼이꺼이 울면서 말했지요. 아버지는 그런 저를 꼭 끼어 안아주셨습니다. 그 촉감과 기억은 아직도 진하게 남아 있지요. 그날 이후로는 '솔직하지 않으면 죽음이다'라는 생각도 하게 되었고요.

사실, 처음에는 매를 맞은 이유를 잘 몰랐습니다. '공부도 잘하는 내가 과외 한번 빠진 거 갖고 왜 이리 혼나야 되나?'라고 투덜대기까지 했습니다. 그러다가 아픈 엉덩이를 비비면서 곰곰이 생각해보니, 아버지는 저를 믿고 있었는데 제가 그 믿음을 저버린 거였습니다. 더군다나 아버지 혼자 약주를 드시는 것을 보고는 정말로 죄송했지요. 그런 끝에 쥐구멍에 들어가는 심정으로 아버지 이불 속으로 기어 들어간 것이었습니다.

그날 이후 아버지는 제게 변함없는 믿음을 주셨습니다. 제가 한 일이라고는 이불 속에 기어 들어간 것밖에 없었으니, 그 믿음의 바탕에는 세상 그리고 제 미래에 대한 아버지의 긍정적인 사고가 깔려 있었다는 생각이 듭니다.

긍정적인 생각은 어둠, 거칠음, 기만, 불신, 그리고 불안함 모두를 잠재울 힘을 우리에게 주는 것 같습니다. 세상에는 좋은 것도 무지 많고 나쁜 것도 무지 많습니다. 가슴이 찢어질 정도로 힘든 일이 연이어 닥치는 곳도 세상이요, 잔잔한 기쁨이 마음속으로 물밀듯이 밀려오는 곳도 세상입니다.

그런데 세상일의 속성상, 불행은 천둥과 번개를 치며 요란스레 쏟아지는 소낙비처럼 우리에게 다가옵니다. 갑작스런 비에 내 몸이 왕창 젖고 하늘을 가득 뒤덮은 먹구름에는 비가 그칠 기색조차 보이지 않습니다. 엎친 데 덮친 격으로 그날은 '우산'조차 갖고 있지 않습니다. 암담함 그 자체인 거지요.

거기에 비해 기쁨이란 녀석은 소리 없이 내리는 보슬비같이 우리에게 다가오지요. 밖을 쳐다볼 때는 내리는지도 잘 모르지만, 일단 비를 맞기 시작하면 몸이 다 젖는 건 매한가지입니다. 긴 시간 동안 구석구석 젖는다는 게 행복과도 닮은 것 같습니다. 행복은 살금살금 다가와 우리 곁에 오랫동안 머물러 있지만, 우리는 그 녀석이 곁에 있는 줄 잘 모릅니다. 한참을 지나고 나서 행복이 사라지면 비로소 깨닫게 될 때가 부지기수이지요.

불행의 한가운데에 서 있을 때는 세상이 온통 불의로 가득한 것 같아 비분강개합니다. 어느 날 갑자기 행복이 찾아왔을 때조차 복에 겨운 자신은 거들떠도 보지 않고 여전히 세상의 나쁜 것만 보려고 합니다. 세상에 행복한 사람보다 불행한 사람이 훨씬 많은 것처럼 보이는 것은 이 때문이 아닐까요?

하지만, 세상에는 불행한 사람의 수만큼 행복한 사람도 정말 많습니다. 좋은 것도 나쁜 것도 섞여 있는 세상에서 그들은 '긍정의 힘'을 통해 세상을 보고 느끼지요. 구태여 나쁜 것들을 후벼 파, 세상을 어둡고 비참하게 보면서 분노한다면 그 얼마나 슬픈 일일까요!

온갖 불의와 부정에 가득 찬 것처럼 보이는 세상이 나날이 발전하고 좋아지는 이유는 왜일까요? 나쁜 것들이 온갖 티를 내며 드러나는데 비해 맨눈으로는 잘 보이지 않지만 좋은 것들이 여전히 세상을 가득 메우고 있기 때문은 아닐까요?

엄마와는 다른, 아버지가 가진 힘

아빠도 사람입니다. 또 아이도 사람입니다. 아버지에게 장점이 있는 만큼 아이도 장점을 가지고 있겠지요. 단점도 마찬가지일 텐데, 이 모든 걸 좀 더 긍정적으로 보고자 노력해보면 어떨까요?

아버지는 아이의 좋은 점을 보고 믿음을 가지게 될 것입니다. 그리고 아이는 아버지의 훌륭한 점에 자신을 의탁하면서 세상에 나갈 준비를 하겠지요. 설령 어려움이나 의심과 마주치더라도 '긍정의 힘'을 아주 조금만 쓴다면 별로 힘들지 않게 극복할 것입니다. 세상을 긍정적으로 생각하는 힘은 모든 것을 포용하는 데에서 비롯됩니다. 더욱 아끼고, 가꾸어야겠습니다.

그런데, 아무리 긍정적인 사고를 가지고 마음을 넓게 쓰더라도 아이들은 다루기가 참 까다롭습니다. 기가 막힌 거짓말쟁이로 변하는 아이들, 막무가내로 고집 피우는 아이들, 그리고 엄마를 무시하고 난폭한 행동을 일삼는 아이들을 보노라면 어떨 때는 속이 터질 것만 같습니다. 그 같은 상황에서 아버지가 마냥 부처님같이 미소를 짓고 있을 수만은 없습니다.

엄마는 아버지보다 더 참을성이 없을 때가 많지요. 아이들을 직접 챙기는 '최전선'에 포진해 있기 때문입니다. 항상 아이들에게 시달리고 스트레스를 받습니다. 그렇지만 가장 빨리 '승전보'를 접하며 리얼타임으로 기쁨과 즐거움을 나누는 혜택도 누리고 있지요.

그래서 아버지의 입장은 엄마와는 상당히 다릅니다. 감이 뛰어난 엄마에 비해 한 템포 뒤떨어지는 감각을 지닌 아버지는 아이에 대한 대처 방법 또한 다를 수밖에 없지요.

아이들 역시 엄마 아빠를 대하는 방식이 다릅니다. 전방에서 엄마와 충돌하는 아이는 후방에 있는 아버지에게 상대적으로 관대합니다. 정확히 말하자면, 엄마와 싸우느라 정신이 없다 보니 후방의 아빠를 신경 쓸 겨를이 없습니다.

문제는, 그런 아빠가 엄마가 전투를 벌이고 있는 전방으로 진격할 때입니다. 아이 입장에서는 최고 수준의 위기상황입니다. 아이는 '결사항전'을 준비할 수밖에 없습니다.

어느 아버지라도 때로는 좋은 아버지, 또 때로는 나쁜 아버지가 되어야 합니다! 아이들이 엄마와 아버지 모두를 상대하기에는 너무나

벅찹니다. 세상 경험이 많고, 인생을 더 알고, 아이보다 가진 것도 훨씬 많은 부모님에게 아이들은 감정과 순발력, 고집과 '깡다구'라는 무기로 맞서보지만, 아무래도 중과부적입니다.

이때는 아버지나 엄마, 두 분 중 한 분은 뒤로 빠지는 게 좋을 것 같습니다. 그래야 아이들이 한숨을 돌릴 수 있지 않을까요? '적을 까부수는' 진짜 전쟁도 아닌데 아이들을 힘으로 완전히 눌러 뭐하겠어요?

그렇다고 두 분 다 빠지면 아이들은 제 세상이 온 줄 알고 마구 날뛸 수도 있습니다. 아이들의 감정, 순발력 그리고 고집만으로 세상을 살아갈 수는 없으니 적절히 '진압'하는 지혜가 필요하겠지요. 병법에서도 이르기를 '도망칠 수 있게 하면 적의 기세가 줄어든다. 너무 빈틈없이 공격하지 마라. 적의 기세가 줄어들 때를 기다렸다가 공격하면 큰 희생 없이 승리할 수 있다.'라고 했지요.(《삼십육계》의 제16계 욕금고종谷ㄱ禽姑縱)

아버지는 아이들과 마주치는 횟수가 엄마와 다르기 때문에 다른 역할이 필요합니다. 세상을 아름답게 보며 아이들을 다 받아들일 수 있는 아버지, 그러면서도 상당한 유연성을 가지고 아이들을 대하는 아버지라면 참 좋을 것 같습니다. 무엇보다 아버지다움의 중심에는 아이를 세상에 내보내기 위한 '감독' 역할이 자리 잡고 있어야 하겠지요. '친구' 역할이 필요할 때도 있을 것입니다.

아버지의 힘이 빛을 발하는 것은 바로 이 대목일 듯합니다. 마음을 비우는 것! 그 자체는 오직 아버지만이 할 수 있습니다. 아이들에 대한 기대치도, 아이의 마음을 풀어주는 '기술'도 엄마와는 사뭇 다르기 때문이지요. 이런 차이가 아이들에게 삶의 여유와 희망을 주고, 아이들 스스로 세상을 빨리 준비할 수 있는 힘이 되어줄 것입니다.

바야흐로 아버지가 나서야 할 때입니다. ♣

Part
2

가르치려 하지 않고 깨닫게 해주기

아이들을 너무 야단치는 것만큼이나, 너무 무심하게 두는 것도 좋지 않을 것 같습니다. 아이들의 부족함이나 실수, 거친 표현력 등을 그냥 옆에서 바라보면서 한두 마디 툭툭 건넬 수 있는 '용기' 그리고 아이를 포근히 감싸줄 수 있는 '지혜'를 아빠 엄마들이 가졌으면 합니다. 그냥 있는 그대로, 느끼시는 그대로요.

말보다 우리의 사람됨이 아이에게 훨씬 더 많은 가르침을 준다.
우리는 우리 아이들에게 바라는 바로 그 모습이어야 한다.
· 조셉 칠튼 피어스 ·

도대체
어디로 튈지 모르는 아이들

　사춘기의 아이들! 정신 구조가 아빠 엄마와는 전연 딴판입니다. 어른들도 아이들의 그런 심리적 특성을 대충 파악은 하고 있지만, 감수성이 엄청 예민해진 아이들이 세상 사물을 어떻게 느낄지, 또 얼마만큼 느낄지 가늠하기는 참 어렵습니다. 더욱이 요즘에는 사춘기가 우리 때보다 훨씬 빨라져서 초등학교 고학년 때부터 시작하는 아이들이 많습니다. 그때부터 시작해서 중학교 내내, 오래가는 아이들은 고등학교 때까지도 부모님들과 '머리 전쟁'을 합니다.

　이 시기의 아이들은 마치 드라마에 등장하는 연기자 같습니다. 하루에도 천당과 지옥을 몇 번씩이나 오가는 듯 보입니다. 감정의 기복이 심해 도대체 어디로 튈지 모르지만, 한편으로는 다양한 역할을 소화해내는 뛰어난 연기력을 지녔지요.

그럼에도, 연기자와 사춘기 아이들은 명백하게 다른 점이 있습니다. 연기자들은 자신이 느끼고 생각한 것들을 겉으로 표현하는 능력이 기가 막힙니다. 이른바 '연기력'이지요. 직접 경험해보지 않은 일들도 '눈물을 줄줄 흘리며' 역할을 해냅니다. 이순신 역을 맡으면 이순신처럼 행동하고 살인범 역을 맡으면 살인범처럼 행동하지요. 그리고 연기가 끝나면 그들은 원래의 모습으로 순식간에 되돌아옵니다.

드라마의 역할일 뿐이니 연기 때의 감정은 외부로 발산해버리면 끝입니다. 다시 말해, 휘발성이 강한 삶을 살아가는 거지요. 생물학적으로, 세포 자신이 만든 물질을 밖으로 내보내면(이런 현상을 exocytosis라고 합니다.) 그 물질이 세포 안에서는 더 이상 역할을 못하는 것과 비슷한 이치입니다.

그런 반면에, 사춘기 아이들은 생활하면서 느낀 것들을 자신 안으로 불러들이는 능력이 엄청 발달해 있습니다. 외부 환경의 특징이나 장점을 스펀지처럼 흡수해 자신의 것으로 만들고 말지요. 마치 세포가 외부 물질을 흡수한 후 대사시켜 자신이 먹고사는 데 이용하는 것과 같습니다.(이런 현상을 endocytosis라고 합니다.)

아이들은 연기자처럼 휘발성 높은 능력이 아닌, 바깥에서 불러온 것들을 자신의 일부로 만드는 '융합력'이 탁월합니다. 이런 아이들에게 영향을 미치는 요인은 두 가지입니다. 첫째는 흡수 대상의 질quality이고 둘째는 자신의 소화능력capacity입니다.

아이는 스스로 판단할 수 있다

첫 번째, '대상의 질'은 단순히 좋고 나쁨의 문제가 아닙니다. 그보다는 좋은 것과 나쁜 것을 판단할 수 있는 기회가 질을 결정하는 최고의 요인이 되지요.

부모님들은 아이들에게 좋은 것만 보이려고 합니다. 나쁜 것은 아예 보여주지 않으려고 하지요. 예를 들어 TV에서 좋지 않은 장면이 나올라치면 채널을 돌려버리는 건 예사입니다. 아이가 아주 어릴 때는 그게 좋을지도 모르겠습니다. 그런데, 나쁜 것을 피한다고 해서 세상의 나쁜 것들이 다 없어질까요? 피치 못할 상황에서 나쁜 것을 접했을 때 사춘기 아이들은 또 어찌 될까요? 그냥 흡수해서 소화시켜 버릴 것입니다. 나쁜 것일수록 달콤한 마약 같거든요.

저는 중학교 1학년 때부터 부모님 몰래 '빨간책'을 보곤 했습니다. 아이들이 어디선가 구해온 것을 반장이라는 권력을 행사해 빼앗아 보곤 하였지요. 부반장이 누가 그런 책을 갖고 있다는 첩보를 보고하면 그걸 가지고 부반장 집에 가서 느긋하게 감상하기도 했습니다. 부모님이 못 보게 하니까 더욱 궁금했고 스릴감도 있어서 더 재미있었던 것 같습니다. 물론 부모님은 전혀 모르셨지요. 한번은 '그렇고 그런' 사진을 구해서 책갈피 사이에 숨겨둔 후에 까맣게 잊은 적이 있었습니다. 그랬다가 나중에 다 읽은 책이라며 조카들에게 주는 바람에 톡톡히 망신을 당하기도 했지요.(얼마나 창피하던지…….)

그런데, 하도 많이 봐서 익숙해진 다음에는 별로 '감동적'이지 않더라고요. 그런 사진을 보고 '헬렐레' 하는 친구들이 한심해 보이기까지 했습니다. 이후부터는 구태여 찾아서 보고 싶은 생각이 사라졌고, 또 그런 걸 보는 게 좋지 않다는 생각까지 하게 됐지요.

'빨간책은 정말 나쁘고 사악하며, 그런 책을 만드는 사람은 범죄자다'라는 생각도 하지 않게 되었습니다. 뭐, 커가는 과정에서 그리고 어른들까지 재미있어 하니까 이런 게 세상에 나올 뿐이라고 결론을 내리게 된 거지요. 단지, 체면과 사회적 규범이 있기 때문에 절제하고, 조심하고, 가려야 되는 대상 정도로 생각하게 되었습니다.

물론 세상에는 절대악이란 게 있습니다. 모든 사람들이 경멸하는 그 악에 대해서는 어느 누구도 타협하거나 이해하면 안 됩니다. 하지만 그 나머지 것들은 선악의 가치가 상대적이고 주관적인 판단에 의해 결정되는 경우가 정말 많습니다. 우리들 대다수는 수도자가 아니니까요. 중요한 것은 '주관적이고 상대적인 선악을 어떻게 객관화시켜 소화할 수 있느냐'라는 문제일 것입니다.

외부의 수많은 정보를 판단하고 취사선택을 결정하는 데에는 본인의 주관이 중요합니다. 당연히 부모님은 아이의 생각을 객관화시키는 데 도움을 주어야 하고요. 어떤 것에 대한 가치판단은 선천적인 심성의 문제도 있겠지만 교육의 효과가 절대적이기 때문이지요.

부모님들도 대개 이 점에 주목하고 계실 것입니다. 세상에 나쁜 것이 아무리 많더라도 아이를 교육시키면 그것으로부터 격리시킬 수 있다고 믿으시는 거지요. 그런데, 바로 이 점이 문제가 되곤 합니다.

교육의 힘이 아무리 크더라도 세상에 널린 '나쁜 것들'을 아이들로부터 완전히 떼놓을 수는 없습니다. 게다가 부모님들이 스스로의 선입견에 갇혀 있을 때, 아이들은 부모의 교육적인 의도를 곧이곧대로 따라오려고 하지 않습니다. 아이 자신의 생각과 너무 동떨어져 있기 때문이지요.

그렇다고 여기에 대해 아이가 반항을 하는 것도 아닙니다. 그냥 "네, 알았어요."라고 말하고 관심을 끊습니다. 자기 생각을 말해보았자 아무 소용없고 부모님과 싸우기도 싫으니까요.

이때 부모의 생각을 계속 강요하면 아이들의 스트레스는 더욱 커질 것이고, 마침내는 어른들이 생각지도 못할 전혀 엉뚱한 방향으로 자신의 스트레스를 풀어버립니다. 교육의 효과를 신봉해온 기대는 아랑곳없이, 아이가 저지른 그 황당한 일의 결과에 부모는 억장이 무너질 따름이지요.

학교 폭력 문제에서, 공부 잘하고 생활 태도가 올바른 아이들이 오히려 '주범'일 때가 있습니다. 공부에서 받은 스트레스를 자신보다 만만한 다른 아이들에게 풀어버리기 때문입니다. 그러다가 사건이 터져 학부모가 학교에 불려오면 고성이 오가곤 합니다. '모범적으로 생활하는 우리 아이가 그럴 리 없다'라고 항의하는 부모님들의 절규이지요. 유감스럽게도 모두가 다 사실입니다.

대등한 관계에서 아이와 소통하기

연기자 기질이 뛰어난 아이들에게는 다소 엉뚱한 방법이 통할지도 모르겠습니다. 아이의 호기심을 충족시켜주는 것이지요. 그 편이 오히려 아이들의 '눈속임'을 막는 방법이 될 수도 있습니다.

호기심을 충족시켜주는 한편으로 아이들에게 선택의 기회를 줄 필요도 있습니다. 이때는, 세상 사람들이 아이들이 가진 호기심에 대해 어떻게 생각하고 있는지도 정확히 알려줘야겠지요. 물론 절대악에 해당하는 '인륜에 반하는 행위'에 관해서는 준엄해야 하고요. 이렇게 하면 두세 마리 토끼를 단번에 잡을 수도 있습니다.

소년기에 '빨간 책'을 섭렵했던 경험을 거울삼아, 큰아이가 고등학생일 때 생맥주집에서 취할 정도로 함께 마신 적이 이따금 있었습니다. 한번 마시면 둘이 10,000cc 넘게 들이부었지요. 그러면서 기분이 좋아지거나 심각해져 세상 사는 이야기를 나누곤 했습니다.

이렇게 부자가 함께 술에 취해 흥얼대면서 집으로 가는 것까지는 좋은데, 그 다음날은 숙취에다가 아이 엄마 잔소리까지 감당해야 하는 게 참 고역이었지요. 어떨 때는 생맥주집에서 미성년자 출입불가로 쫓겨나기까지 했고요.

몇 번 그렇게 술 대작을 하다 보니 녀석은 졸업할 때까지 음주에 대해서는 별 관심을 갖지 않더라고요. 술 마신 다음날이 너무 힘드니까 제가 술을 먹자고 해도 오히려 손사래를 치곤 했지요.

술의 해악에 대해 일찌감치 체험시켜준 것 외에도, 아들과 술친구를 하게 되면 서로만 통하는 뭔가가 생기는 것 같습니다. 고등학교 때는 물론 외국에 나가 있는 요즘도 '카카오톡'으로 이런저런 메시지를 주고받고 있습니다. 제 엄마와는 다른 내용으로요!

부모님이 사춘기였을 때를 떠올리면 아이들 심리를 파악하기가 조금은 수월할 것 같습니다. 지금 아이들이 가진 불만을 우리도 똑같이 부모님들께 가졌을 테니까요. 다만, 오늘날처럼 개성이 중시되는 시대가 아니었으니 우리 세대가 원했던 것들은 아주 손쉽게 좌절되었을 것입니다.

하지만 요즘은 다릅니다. 무작정 억압한다고 억눌릴 아이들이 아닙니다. 그런 이유로, 사춘기 자녀들과 대등한 관계에서 주거니 받거니 하는 '심리 게임'을 한다고 여기는 게 속편할 듯합니다. 직장 동료나 학교 친구처럼 대등한 관계에서 자녀들에게 다가간다면, 아이와의 관계가 훨씬 원활해질 것입니다.

때로는 티격태격하며 거침없이 부모님 본인 의견을 밀어붙이지만, 때로는 상대방 의견을 그대로 받아들이는(어쩔 수 없이 받아들이는 경우가 훨씬 많겠지요.) 모습을 아이들에게 보여줄 수 있다면, 또 아이들이 그런 부모를 보고 자란다면 참 좋을 것 같습니다. 어릴 적 부모와의 소통은 곧 세상과 소통하는 연습이 되어줄 테니까요.

지금의 세상은, 권위와 순종이 당연시되는 수직적 인간관계에서 소통과 나눔을 중시하는 수평적 인간관계로 변화하고 있습니다. 그러므로 사춘기 때 아이들이 경험하는 부모와의 소통은 세상을 살아가는 데 큰 도움이 될 것입니다.

만약 아이들과 대등한 관계를 만들기 어려운 집안 분위기라면, 탁월한 연기자를 다루는 연출자나 감독, 아니면 매니저의 입장에서 아이들과의 관계를 쌓아가는 게 어떨까요?

탁월한 연기자는 대개 고집이 세고, 개성이 강하고, 그러면서도 책임감도 투철합니다. 이들을 다루는 유능한 디렉터가 되어보는 것이지요. 아이들을 키우는 데 필요한 상호존중의 덕목은 부모님 자신의 삶에도 큰 도움이 될 것 같습니다.

있는 그대로,
느끼는 그대로 아이 대하기

　부모의 경험은 대단히 소중하며 고귀하지요. 세월 속에 여기저기 지뢰처럼 숨어 있는 어려움들을 극복하며, 지금의 자리까지 이끌어준 그 지혜는 정말 가치가 있습니다. 그래서 세상의 아빠 엄마들은 경험, 그리고 그로부터 터득한 지혜라는 무형의 자산을 자녀에게 전수해주고 싶어 합니다.

　그런데, 여기에 큰 걸림돌이 있습니다. 아이들이 말을 듣지 않는 거예요! '짜식'들이 그냥 하라는 대로 하면 되는데 말을 듣지 않고 반항하곤 합니다. 아이들 나름대로 이유는 있지요. 고리타분하다고, 혹은 이제는 세상이 변했다고요!

　이렇게 되면 부모들은 일단 아이들과 한바탕 하지요. 그런 다음에 힘으로 눌러버리거나 살살 달래서 자신의 뜻을 따르게 합니다. 우리 집도 일단 큰소리부터 나고, 그 다음에 조정 작업에 들어갑니다. '내공'이 높은 부모님들은 그런 소란 없이 갈등을 조절하겠지만 결국 방법은 비슷합니다.

수십 년의 세월은 부모님들에게 경험과 지혜를 준 외에도, 고집이라는 선물(?)도 함께 주었지요. 아이들 입장에서 이해하고자 노력은 하겠지만, 정작 마음속에서는 틈만 나면 아이들 생각을 누른 채 자신의 스타일대로 하려고 합니다.

가장 좋은 방법은 아이의 생각을 존중하면서 부모의 경험도 살리는 것이겠지요. 하지만 이것이 그리 간단하지 않습니다. 아이들은 우매하지는 않지만, 순진한데다가 경험이 없고 감성적이기 때문입니다. 자신의 의사와 결정에 책임을 질 만큼 마음이 굳세지 못합니다. 제 생각을 오래 끌어가지도 못하기 때문에 어찌 보면 아이들은 '쉽고도 어려운' 포용의 대상입니다.

부모들은 아이들 생각대로 하면 안 된다는 것을 거의 정확하게 알고 있습니다. 세상이 그리 호락호락할 리 없으니 아이의 바람을 쉽게 허락하지도 않지요. 아이들도 커가면서 으레 생각이 바뀌기 때문에 자신이 원하는 것에 대한 열정이 급격히 식을 때가 많습니다. 그래서 부모님들은 때로는 성질을 내고, 또 때로는 달래면서 자신의 뜻을 관철시키려고 하지요. 그 방법밖에 없다고 확신하면서요.

아이를 컨트롤할 수 있다는 착각

이런 상황은 결국 부모 의견 중심의 가정을 만들어버립니다. 부모님과 자녀가 서로 존중하기보다 힘의 논리로 부딪치며 결정하는 분위기가 되어버리지요. 급기야 힘과 논리가 달리는 아이들은 반대만을 위한 반대를 하게 됩니다. 그것조차 여의치 않으면 쌓이는 스트레스를 집 바깥에서 풀게 되지요. 그런데 사회라는 곳이 참으로 험해서 힘센 사람도 많고 스트레스 푸는 데 돈도 많이 들다 보니, 나보다 약한 아이들을 찾게 되고 나만의 자유로운 공간과 기회를 갖기 위해 돈이 필요해집니다. 소위 학교 폭력이 탄생하는 순간입니다.

그렇지 않은 경우도 있습니다. 우선 아이는 부모가 하자는 대로 열심히 합니다. '범생'과 '엄친아' 계열에 속하는 아이들이 그렇습니다. 부모 입장에서는 이 아이들이 너무 고맙습니다. 좋은 성적표를 받아오는 게 대견스럽지요. 한편으로는 조금씩 더 욕심이 생깁니다. 조금만 더 하면 전교에서, 지역에서, 그리고 전국에서도 일등을 차지할 것 같습니다. 높은 곳에 올라서 보니까 힘들게 올라온 산들이 너무나 낮아 보이는 것이지요. 여기에, 지금껏 기대 이상으로 잘해온 아이가 수재처럼 느껴지기 시작합니다.

부모는 다시금 결연한 의지를 다집니다. '이 아이를 정성껏 키워 누구 부럽지 않은 인물로 행복하게 살게 해주겠다'라고요. 이제 부모는 수재로 변모한 아이를 위해 나를 희생하고, 동시에 아이를 더욱 거세

게 채찍질합니다. 목표를 달성하고 또 새로운 목표를 만들고……. 아이가 힘들어하는 건 당연하지만, 조금만 더 가면 정상이 보일 것만 같습니다. 여기까지 왔는데 딱히 다른 방법이 보이지도 않고요.

하지만, 현실은 마음처럼 녹록치 않습니다. 능력이 이내 한계에 부딪히게 되면 추락하는 성적처럼 아이와 부모의 마음은 급격히 쪼그라들게 되지요.

이런 실패를 피하기 위해 어떤 부모는 속도를 조절하기도 합니다. 대학 입시에 공부의 피크를 맞추고 '온탕 냉탕'을 반복합니다. 아이의 컨디션을 장기적으로 조절하려는 것이지요. 말을 잘 따라주는 아이가 대견스러워 조그만 일에도 칭찬을 아끼지 않고 중간 목표를 달성하면 휴식시간을 보장하기도 합니다. '맘껏 놀고 스트레스를 풀어라!'라며 자유를 허락합니다. 그런 후에 다시 밀어붙입니다.

여러 상황과 방법들 중 아마 후자가 정답에 가까워 보일지도 모르겠습니다. 하지만, 이 경우 부모님들이 놓치시는 게 있습니다.

아이들은 노력의 대가로 어렵게 얻은 휴식시간을 잘 이용하지 못한다는 사실입니다. 왜냐고요? 노는 법을 가르쳐주지 않아 놀 줄을 모르기 때문입니다. 쉬는 시간에 친구들을 만나보았자 하는 일들은 뻔합니다. 어려서부터 노는 것에 대한 '철학'이 없었으니 제대로 놀지도 못하고 주위를 기웃거리거나 그 시간에 컴퓨터 앞에 앉아 있는 게 고작입니다. 그러다 보면 이번에는 또 다른 스트레스가 아이들을 뒤흔듭니다. 이 스트레스가 아이를 단번에 무너뜨리지요.

본인이 원하는 대학에 우수한 성적으로 입학한 아이들은 나와 똑같은 수준의 아이들이 우글대는 새로운 환경을 접하지요. 이곳에서의 자리매김부터 바로 흐트러져 버립니다. 아이는 정체성의 혼란을 겪으며 대학 생활을 외롭게 보낼 수밖에 없습니다. 놀 줄을 모른다는 말은 곧 어울릴 줄 모른다는 뜻이니까요.

실패를 모르는 아이는 결국 실패한다

정답은 없는 것 같습니다. 우리 인간은 생물학적으로 '유전자 각인' 현상에 의해 철저하게 잡종화되어 있기 때문에 아무리 주위 환경이 똑같아도 같은 생각이나 행동을 하는 경우는 없습니다. 누구네 집 아이가 어찌어찌해서 성공했다 한들 그건 그 집 이야기일 뿐입니다. 남의 집 이야기에 현혹될 게 아니라, 내 아이를 믿고 '실패의 힘'에 기대 보는 건 어떨까요?

실패를 반복하면서 본인 스스로 느끼는 감정과 생각은 정말 중요합니다. 부모님들이 그러했듯이, 교과서에서는 배울 수 없는 좌절의 경험이야말로 아이들에게 크나큰 지혜를 선물할 것입니다. 부모님 마음을 모르는 것은 아닙니다. 실패에서 오는 괴로움을 아이에게 지우고 싶지 않아 어떻게든 난관을 피할 방법을 일러주고 싶으시겠지요. 하지만, 그것이 오히려 아이들에게는 좋지 않을 수 있습니다.

실패는 '실패한 이후부터는' 좋은 것입니다. 실패와 좌절에서 나오는 경험론적인 지혜가 아이들에게 자연스럽게 생긴다면, 이후에 비슷한 위기상황에서 아이는 더욱 강하게 맞서게 될 것입니다. 마치 병원균이 항생제에 내성이 생기듯이 말입니다.

아이들이 실패에 익숙해지게끔 어른들이 도와야 됩니다. 그 좌절 속에서 자신감을 잃지 않고 다시 일어설 수 있도록 어른들의 인내와 따뜻한 마음 또한 잊지 말아야겠지요.

저는 다른 사람들이 보기에는, 아마도 성공한 삶 쪽에 가까울 것입니다. 하지만, 이제껏 살아오면서 제 뜻대로 이룬 것보다 실패한 것이 훨씬 많습니다. 행복했음에도 아쉬운 순간들이 적지 않은 삶이었지요. 5~6년 동안 집착했던 일들이 제대로 되지 않아 엄청난 손해를 본 적도 있고, 열 번 넘게 구직에 실패하기도 했지요. 대학교 때 성적은 겨우 중간이었고요. 오죽하면 아이들에게 우리 과 교수를 소개할 때 '학사경고 받은 경험이 있는 교수'로 소개했을까요. 그때는 살짝 창피하긴 했어도 아이들은 그런 저를 보며 희망을 가졌을 수도 있겠다는 생각을 했습니다.

세상은 호락호락하지 않아, 내가 이루지 못한 것은 내가 부족한 것으로 생각하기를 강요하지요. 그렇다고 실패를 부끄러워하거나 마음의 상처를 안고 살 필요는 없습니다. 마음이 여린 아이들에게는 이 점에 더욱 유의해야겠지요.

실패의 힘을 효과적으로 이끌어내기 위해서라도, 성적이 떨어진 아이들에게는 분노하세요! "내가 너를 위해 얼마나 고생했는데 성적이 이 모양이냐?"라고 꾸짖어도 좋습니다. 그게 다 사실이니까요.

하지만 단 한 가지! 아이들과 대화를 많이 나누어야 합니다. 그냥 이런저런, 부모님 고민이나 세상 사는 이야기, 부모님께 힘든 일이 있다면 그걸 먼저 이야기하는 것도 좋을 것 같습니다. 부모님이 실패한 이야기는 아이에게 큰 힘이 될 것입니다. 아이에 대한 어떤 위로의 말보다, 부모님이 젊었을 때 겪었던 실패담이 아이들을 훨씬 포근하게 감싸줄 거니까요.

아이들을 만나 이야기를 나누다 보면 가슴이 짠해질 때가 많습니다. 아이들은 성적이 떨어졌을 때 부모님에게 가장 미안해합니다. 사고를 치면서도 부모님께 미안한 마음에 어쩔 줄 몰라 합니다. 부모님을 미워하는 아이라 할지라도, 미워하는 마음 그 바로 아래에는 부모님에 대한 그리움이 절절하게 배어 있더라고요. 너무나 가슴이 짠~했고 또 아이들이 안쓰러워 보이던지……. 공부 못하는 녀석이건, 사고치는 녀석이건 그런 이야기하면서 하나같이 마음 아파합니다.

아이들을 너무 야단치는 것만큼이나, 너무 무심하게 두는 것도 좋지 않을 것 같습니다. 아이들의 부족함이나 실수, 거친 표현력 등을 그냥 옆에서 바라보면서 한두 마디 툭툭 건넬 수 있는 '용기' 그리고 아이를 포근히 감싸줄 수 있는 '지혜'를 아빠 엄마들이 가졌으면 합니다. 그냥 있는 그대로, 느끼시는 그대로요.

부족함이 나를
큰 사람으로 만든다

친구들이나 주위 사람들과 대화할 때 저는 창피할 정도로 제 이야기를 다 해버리는 스타일입니다. 그래서 늘 안사람에게 한 소리 듣지요. 창피하지 않느냐고요. 하지만, 그 단점 때문에 좋은 사람들을 많이 사귈 수 있었습니다. 그런데, 그처럼 말이 많은 저도 살아왔던 이야기 중 숨기는 사실이 두 가지 있습니다. 그중 하나가 군대에 갈 때의 에피소드입니다.

저는 아버지를 중학교 때 여의었습니다. 아버지는 후손이 없으신 작은할아버지의 제사를 모시기 위해 둘째 집 장남으로 입적하셨지요. 그래서 저는 호적상 2대 독자입니다. 그 당시 병역법에는 이런 조건을 가진 사람들을 '부선망 독자'로 분류해 현역 대신 방위병으로 보냈고 근무 기간도 6개월밖에 되지 않았습니다.

저는 그렇게, 신체검사를 할 때 소위 '육방'으로 병역 판정을 받았습니다. 그리고 뜻한(?) 바가 있어 학교를 휴학하고 군대부터 다녀오기로 마음먹었지요. 하지만 그때는 군 입대를 기다리는 친구들이 엄청나게 많아서 군대에 빨리 가고 싶어도 갈 방법이 마땅치 않았습니다. 2학년을 마치고 군대를 가야 하는데 계속 늦어져 3학년이 되도록 입영통지서가 나오지 않았습니다.

그러던 차에 저는 한 가지 방법을 찾았습니다. 저를 항상 챙겨주시던 어른께 '군대 좀 빨리 보내 달라'고 간곡히 부탁드렸던 거지요. 그런데 그 청탁을 하는 과정에서 '군대에 빨리 가서 강인한 사람이 되고 싶다'라는 추가 주문이 얹히게 된 것을 나중에야 알았습니다. '비극'의 시작이었지요.

요행수는 통하지 않는다

그분들의 도움으로 몇 개월 후 드디어 방위소집을 받았습니다.(설마 이 일이 병역비리로 확대되지는 않겠지요?) 당시에 제 체격은 아주 허약했습니다. 키 176cm에 몸무게가 55kg이었으니 상당히 말랐지요. 체력이 달리는데다가 운동에도 워낙 소질이 없어서 훈련 기간 중 이른바 '똥탕'(고문관이라고도 합니다.) 역할을 도맡아 했습니다. 태권도 자세가 안 나와 얼차려를 숱하게 받은 외에도 사격만 빼놓고는 제식훈련, 집총훈련, 각개전투 등 모든 훈련에서 우리 내무반 친구들이 저 때문에 골탕을 먹기 일쑤였지요. 그게 너무 미안하고 제 자신도 힘들어 훈련 기간 중 참례했던 미사 시간에 눈물을 줄줄 흘리면서 기도까지 했건만, 상황은 나아지지 않았습니다.

어쨌건 고통과 괴로움의 훈련병 기간이 거의 끝날 때쯤, 저는 '육방'이기 때문에 당연히 동사무소에서 근무할 거라 생각했습니다. 아니, 믿어 의심치 않았습니다! 그런 어느 날 동료들이 내무반 반장님에게 자대 배치에 대해 물어볼 때 살짝 물어보았다가, 그만 아연실색해 버렸습니다. 상부 지시에 의해 동사무소가 아닌 전투 부대로 배치될 것이라는 청천벽력 같은 소식을 들은 거였지요. 눈앞이 캄캄했습니다. 나중에 알고 봤더니 제가 한 '청탁'이 그대로 실현되어, 무조건 훈련이 가장 센 전투방위 부대로 배치하라는 특별 지시가 떨어졌다고 했습니다.(사실 여부를 확인할 길은 없습니다만.)

이후 한숨과 걱정 속에 자대 배치를 받아 소속 대대까지 결정되었는데, 아니나 다를까 전투방위 부대였습니다. 훈련소 때에도 허구한 날 두들겨 맞고 기합이 끊이질 않았는데, 제대할 그날까지 맞고 살 생각을 하니 하늘이 노래질 정도였습니다.

"전투방위라고 해도 그냥 방위잖아!"라고 말씀하시는 분이 있다면, 아마 옛날이었으면 달려가 한판 붙었을지도 모르겠습니다. 현역병과 훈련의 강도가 거의 비슷하답니다. 취급하는 각종 중화기가 동일했거니와 그때 그 시절의 무식한 구타 또한 매한가지였고요. 야간 경계를 위한 내무반 생활도 해야 하고 매일같이 특공무술, 구보, 사격을 한다는 이야기를 들으며 저의 시름은 깊어만 갔습니다.

그러던 중 자대 배치를 위해 연대 연병장에 훈련병을 모두 모아놓은 자리에서 실낱같은 희망 이야기가 들려왔습니다. 선임중사님이 특기자를 선발한다며 운전, 목수, 취사 등의 특기를 가진 신병을 뽑는 것이었습니다. '나는 뭐 해당사항이 없을까' 하며 마음을 졸이고 있는데, 이발병을 모집한다는 소리에 귀가 번쩍 뜨였습니다.

'군인 머리야 바리캉으로 밀면 그만이지!'

이런 생각에 저는 얼른 지원했습니다. 일단은 살아야 했으니까요.

그래서 배치된 곳이 연대 이발소였습니다. '사람은 역시 머리를 잘 써야 돼'라며 쾌재를 불렀지요. 더군다나 이발소 선임 일병은 사람이 참 좋았습니다. 저는 군대에 있으면서 이발 기술이나 열심히 배워야겠다고 마음먹었습니다.

그런데 그 행복도 잠깐, 신병 이발사가 왔다는 소문을 듣고 헉! 장교 한 분이 이발을 하러 오셨습니다. 배치받은 지 한 시간도 지나지 않았을 때였습니다. 저는 다시 눈앞이 캄캄해졌습니다. 바리캉은 생전 잡아본 적이 없는데……. '이 사태를 어이 할꼬' 고민하다가 에라, 모르겠다는 심정으로 머리를 자르기 시작했습니다.

예전 바리캉은 요즘 같은 전기식이 아닌 손으로 하는 기계식이었습니다. 자칫하면 머리카락이 통째로 뜯기지요. 그렇게 한 서너 번 밀었

나……, 갑작스런 비명소리가 들려옵니다. 머리카락이 통째로 뜯겼지요. 왜 이리 바리캉이 안 드는지 모르겠습니다. 그리고 좀 있다가 또 한 번의 비명소리……. 옆에 있던 선임 일병님이 그제야 눈치를 채고 제게서 바리캉을 빼앗아 본인이 직접 잘랐습니다. 장교님에게는 바리캉에 문제가 있다면서 대신 사과해주셨지요. 반 죽겠거니 생각했는데 어찌나 감사하던지…….

이 사건이 있은 다음에 바로 이실직고했습니다. 전투방위 부대에 배치받는 게 죽기보다 싫어 거짓말을 했다고요. 그러자 선임 일병님은 뜻밖에도 따뜻하게 대해주었습니다. 바로 쫓겨날 줄 알았는데 일단 자기가 가르쳐주겠다고요. 저는 겨우 마음을 놓을 수 있었습니다. '역시 잔머리 굴리기를 잘했어'라는 생각도 들었고요.

하지만, 인생에서 요행수는 기껏 한두 번뿐인 모양입니다. 드디어 대형 사건이 터지고야 말았습니다. 대대장님이 이발소에 '친히' 모습을 보이신 거였습니다.

"너 머리 잘 깎는다며? 어디 한번 깎아봐라."

인자하게 웃으며 부탁하시는 말씀에 저는 등줄기가 서늘해졌습니다. 도망치자니 탈영병이 될 것이요, 머리를 깎자니 영화에 나오는 인디언 머리를 만들어버릴 것 같았지요. 대대장님이 지정한 이발병이니 사수도 어떻게 할 도리가 없었습니다.

제 인생에서 가장 힘든 하루였습니다. 그날 저는 대대장님 머리를 '반 작살'을 내버렸습니다. 가위질은 왜 그렇게 안 되고 머리카락은 왜 또 그렇게 억세던지……. 왼손잡이인 제가 오른쪽 머리를 자르려 하니 가위는 허공에서만 놀기 일쑤였습니다.

"이 새ㅇ 이발사 맞아?"

이후 상황에 대해 말씀드려 무엇할까요. 어쨌든 저는 이 사건으로 인해 처음에 발령받은 전투방위 부대에 그대로 배치되었습니다. 이후 6개월 동안 기합과 얼차려로 어떻게 시간이 흘렀는지조차 모르겠습니다. '인디언 머리'를 만든 대대장님 모습은 지금도 떠올리기조차 무섭습니다.

사람 사는 세상은 만남과 맺음으로 아름다워진다

그러고 나서 30년이란 세월이 흘렀습니다. 몇 년 전 고등학교를 갓 졸업한 큰아이에게 신체검사 통지서가 날아왔습니다. 옛날의 뼈아픈 경험이 있어 자진해서 검사를 받게 했지요. 그런데 녀석은 생각지도 못한 '특혜'를 받았습니다. 원래 편식을 하는데다가 입시 준비에 시달려 체중이 53kg밖에 안 나가는데도 현역 3급 판정을 받았습니다. 더구나 신검을 받았기 때문에 해외로 나다니는 데 아무 제약도 없게 됐고요! 세상이 참 좋아졌어요.

사람 사는 세상에서는 요행수보다 정면 돌파를 하는 게 결과적으로는 큰 도움과 힘이 되는 것 같습니다. 자신의 부족함을 숨기기보다 차라리 다 보여주면서 당당해지는 것이지요. 아무리 '꼼수'를 부려보았자 결국 다른 사람들이 다 알게 됩니다. 오히려 자신의 부족한 점을 부각시키는 꼴이 되기 십상이지요. 그렇게 될 바에는 나의 모자란 점을 있는 그대로 보여주고 내가 할 수 있는 일과 할 수 없는 일을 명확히 해버리면, 저지를 수 있는 실수의 확률도 크게 줄 것입니다. 요컨대, 솔직함이 내 자신을 지키는 현명한 태도가 되는 것이지요.

물이 너무 맑아도 고기가 모이지 않듯이, 사람이 어느 정도 부족함을 가지고 있어야 사람다운 냄새가 나지 않을까요? 너무나 완벽한 사람은 오히려 그 때문에 주위 사람들에게 거부감이 생길 수도 있지요. 나의 단점을 알아버린 친구들은 대부분 그 치부를 감추어줄 것입니다. 간혹 내가 보인 단점을 악용해 나에게 피해를 주는 사람도 있겠지요. 이런 사람과는 만남을 지속할 필요가 없을 것입니다. 친구로서 자격이 안 되든지 아니면 나와 맞지 않는 사람일 테니까요. 단점을 내비침으로써 그런 사람과 친구로 지내지 않게 되는 것이므로, 더 큰 손해와 실수를 막는 방편이 될 수도 있습니다.

세상의 그 어느 누구라도 부족한 점은 있습니다. 하지만, 그 부족한 점을 숨기지 말고 떳떳하게 내보일 것을 적극 추천합니다. 그런 당당함이 나의 단점을 보완해주고, 좋은 사람을 알 수 있게 해주며, 진정한 친구를 만들 수 있는 기회를 줄 것입니다.

부모에게도 좋은 점과 부족한 점이 있을 테지요. 이상적인 부모가 되고자 애써 노력하기보다 본인이 가진 한계와 장점을 아이들에게 명확하게 보여줄 수 있다면, 부모와 아이들 사이에 생길 수 있는 생각 차이를 크게 줄일 것 같습니다. 그 부족함을 채워가며 화목한 가족을 만들기 위한 대화의 기회로 삼을 수도 있고요. 아이들은 세상의 나쁜 사람들과는 달리 부모의 단점을 악용할 일도 없을 것입니다.

사람은 잘난 게 많아서 훌륭해지는 것이 아니라, 부족함을 채우려는 사람끼리 '만남과 맺음'을 통하여 아름다워지는 것 같습니다.

재물보다는
성실함을 물려주어라

모든 사람은 다 소중합니다. 그리고 평등합니다. 이는 직업이나 지위, 학력, 집안 배경 같은 사회적 차이는 물론 개인의 능력과 생리적 특성에 무관합니다. 그런 사람들이 하나하나 모여 소중한 우리 사회를 구성하고 있지요.

그런데, 사회의 실상은 그리 평등해 보이지 않습니다. 돈, 명예, 권력이 복잡하게 얽힌 다양한 부류와 계층이 존재하고, 누릴 수 있는 권리도 조금씩 다른 것 같습니다. 이런 불평등한 세상은 꼭 우리나라뿐만이 아닙니다. 미국, EU, 일본 같은 선진국은 물론 하물며 공산주의 국가조차 평등은 그저 말뿐인 것 같습니다. 최근의 월가 시위는 그간 수면 아래에 있던 계층 간 갈등이 떠오른 현상일 테고요.

기회는 모두에게 주어져야 한다

그렇다면 애초부터 이 세상은 불평등한 것일까요? 저는 그 반대라고 생각합니다. 생물학적으로 평등한 사람들이 살아가면서 갖가지 차이와 계층 간 소외감을 느끼는 그 자체가 실은 평등하기 때문입니다. 노력과 성실 그리고 죄악을 포함한 모든 사회적 행동에 대한 결과를 모두가 평등하게 책임져야 하니까요. 노력한 만큼, 성실한 만큼 챙기는 재물의 양에는 당연히 차이가 날 수밖에 없습니다.

세계 각국에서 일어나고 있는 계층 간 갈등의 진실은 단순히 생물학적 평등관으로는 절대 이해될 수 없습니다. 소위 99%에 속한다는 사람들의 외침은 전리품을 나누어 달라는 투정이 아닙니다. 보다 공정한 기회를 가지고자 하는 함성이며, 내가 들인 노력에 대한 정당한 대가의 요구이지요. 탐욕에 눈이 먼 일부 계층이 저지른 죄악에 대한 공정한 심판도 요구하고 있습니다.

사회적으로 보잘것없는 사람들이 똑똑하고, 뛰어나고, 사회적으로 인정받는 사람들과 동급으로 대우받지는 않습니다. 사회 시스템상 그럴 수도 없습니다. 노력의 양을 무시하고 생물학적 평등에 따라 이 두 부류를 동일하게 취급한다면 또 다른 부작용이 생길 게 뻔합니다. '공부해서 뭐해, 열심히 살아서 뭐해'라는 인식이 우리 사회를 병들게 할 것입니다.

반대로, 노력의 기회를 빼앗기는 문제 또한 심각하기는 마찬가지일 것입니다. 만약 그런 일이 사회가 돌아가는 속성상 어쩔 수 없이 발생하였다면, 여유가 있는 사람들은 내 것을 조금씩 포기하더라도 윤택해질 수 있는 '기회'를 상대적으로 여유가 없는 사람들에게 나누어야 합니다. 사회적 평등과 정의는 그런 식으로 실현되어야 하는 거지요.

이제 우리 아이들 그리고 청년들을 생각해봅시다. 아이들이 부모가 정해준 일을 하지 않을 때 부모의 뜻과 다른 자신의 꿈을 펼칠 기회를 얼마나 가질 수 있을까요? 대학을 갓 졸업한 청년들이 기성세대와 같은 기회를 과연 가질 수 있을까요?

그들에게 기성세대는 기회를 줄 수 있어야 합니다. 순종해야 주는 것이 아닌, 그냥 줘버리고 무엇을 하든 잊어야 합니다. 또한 세상에 나올 준비를 하는 청년들은 그 기회를 놓쳐서는 안 되겠지요.

내게 주어진 기회를 놓치지 않기 위해 가장 필요한 덕목, 그것은 바로 성실함입니다. 성실함이 기회를 만들어냅니다.

어떤 세상에서도 성실함은 최대의 자산이다

세상이 엄청 빠르게 돌아가고 있습니다. 과거에는 생각지도 못할 문명의 이기들이 세상을 더욱 편리하게 해줍니다. 그런데, 아무리 세상과 사회가 바뀌고 편리한 도구가 개발된다고 하더라도 만족스런 삶을 살아가기 위해서는 성실해야 합니다.

세상은 그처럼 성실하게 제 몫을 다하는 사람들에 의해 지탱되고 유지됩니다. 굳이 유명하지 않더라도 우리 바로 곁에는 티를 내지 않고 자신의 소임을 다하려는 수많은 사람들이 있습니다. 그분들에게는 사회적 직함과 명예가 딱히 중요하지 않습니다. 자신이 최선이라고 생각한 목표를 소중히 여기고 그 일에 성실하게 임하는 자세만큼은 존경받아 마땅할 것입니다.

위인으로 일컬어지는 사람들이 인격적으로 모두 존경받는 것은 아닙니다. 개중에는 괴팍한 성격을 갖고 있고 행실이 좋지 않은 사람들도 적지 않습니다. 그럼에도 그들이 위인으로 떠받들어지는 것은 어떤 일에 대한 성실함으로 세상에 큰 기여를 했기 때문입니다. 하나의 일에 몰입한다는 것 자체가 성실하다는 반증인 것이지요. 그런 성실함이 인간적으로 부족한 다른 단점들을 메우는 것입니다.

저와 유전적으로 아무런 연관이 없는 수양부모님이 미국에 살고 계십니다. 친아버지 못지않게 존경하는 분들이지요. 그분들은 한국에 계실 적에 학교 선생님과 대기업 이사직을 맡으며 안정적인 직장에 계셨는데, 1남2녀인 자제분들을 모두 의사로 키우고 싶어 하셨습니다. 그래서 한창 잘나가던 40대 중반 시절에 모든 것을 뒤로 한 채 미국으로 훌쩍 이민 오셨습니다.

그러고는 뷰티 숍(여자들 장신구를 파는 가게)을 잠시 운영하시다가 흑인 대상의 가발 가게를 시작하셨습니다. 아이들 교육에 '올인' 하시면서요. 그 시절 수양부모님 이야기를 들어보면 완전 현대판 '신사임당'이었습니다. 낮에는 가발 가게! 저녁에 끝나자마자 아이들 곁! 그런 생활을 아이들이 대학에 들어갈 때까지 10년 넘게 하셨지요.

미국 학교는 그 속성상 아이들이 정상적인 학교 활동을 해나가기 위해서는 부모님들의 참여가 절대적으로 필요합니다. 그런데도 가발 가게를 한 번도 빼먹으시는 일 없이, 게다가 부족한 영어 실력으로도 아이들을 완벽하게 뒷바라지하셨지요. 그 와중에 수양아버지는 모 주립대학의 회계사 과정에도 입학하셔서 오십이 가까운 나이에 미국 회계사 면허를 따는 데 성공하셨습니다. 대단한 분들이시지요.

그런 모습이 너무 좋아 보여 근처에 사는 유학생들은 잠깐이라도 틈이 나면 자발적으로 나와 가게를 봐드리곤 했습니다. 회계사가 되신 다음에는 주위 교포들과 유학생들의 골치 아픈 회계 관리도 많이 도와주셨지요.

'가게-학교-집'으로 이어지는 생활 속에서 정말 한 눈 팔지 않고 자신의 일에 몰입한 덕분에 세 명의 자제분 모두 미국의 내로라하는 명문 의과대학을 졸업하였습니다. 현재는 우리나라에도 잘 알려진 유명 암 센터나 대학병원에서 다들 일하고 있고요. 사위와 며느리들도 모두 다 의사입니다. 그래서 수양아버지 집에 가족들이 모이면 거의 종합병원 수준입니다. 사람들도 다들 좋아 집안 분위기는 언제나 화목합니다.

수양부모님은 주위에 있는 유학생들도 많이 도와주셨습니다. 아이들 키우는 데 어려울 거라며 용돈도 주시고 명절 때면 식사자리에도 늘 초대해주셨지요. 저도 그렇게 그분들과 인연을 맺게 되었고요. 그래서 수양부모님께 신세를 진 유학생들끼리 모임까지 만들게 되었습니다. 아무런 욕심 없이 나눔을 실천하신 아름다운 분들이지요. 근검절약이 몸에 배셨으면서도 꼭 필요하다고 여기시는 데에는 아낌없이 베푸셨고요. 주위에 베푸는 가운데 그 부유함은 더욱 빛을 발했지요.

세상은 더불어 살며 나누어야 하는 곳

'열심히 살면 행복해질 수 있다'라는 아주 단순한 메시지를 전하고 싶습니다.

비록 당장은 보잘것없고 하찮아도 정신만 차리고 열심히 살면 누구나 출중해질 수 있지요. 그런 확신을 아이들에게 심어주고 싶습니다. 현재의 내 처지가 어떠하든 성실함으로 모자람을 채울 수 있다는 믿음을 아이들에게 주고, 우리 스스로도 믿을 수 있어야겠지요. 그렇게 살아가다 보면 어느덧 '행복의 문'은 크게 열릴 것입니다.

세상에서 필요로 하는 능력 중 가장 중요한 조건은 천재성이 아닌 성실함입니다. 본인이 어떤 일을 천직으로 삼았건 그 행위는 성실하다는 이유만으로도 사람들에게 존중받아야 합니다. 동시에 내가 어떤 일을 선택했다면 그 일에 대해 성실해야 할 의무도 함께 주어지지요.

바로 그것이, 평등한 사람들이 모여 만족한 삶을 영위할 수 있는 필요충분조건이기 때문입니다.

세상은 투쟁하며 쟁취하는 전쟁터가 아니라, 성실한 사람들이 더불어 살며 나누는 곳입니다. 만약 지금의 세상이 그렇지 않다면 그렇게 되도록 바꿔나가야 합니다.

인간의 사고와 그것이 만들어낸 문명은 생물학적 진화보다 훨씬 빠릅니다. 우리 어렸을 적의 꿈은 대통령, 장군, 의사, 판사, 교수 등등이었지만, 요즘 젊은이들은 그 꿈의 숫자가 너무나 많아서 저마다의 꿈을 이룬 그들이 제 곁에 살아갈 거란 사실만으로도 참 행복할 것 같습니다. 가장 살기 좋은 동네는 우리 집 근처에 내가 필요로 하는 모든 것이 있는 곳 아니겠어요?

세상을
내 품에 안으려면

저는 우리 아이가 시험 보기 전에 이렇게 이야기해주곤 합니다.

"아빠는 열심히 하려는 네 모습이 무엇보다 중요해. 결과보다 열심히 노력하는 태도! 바로 그게 인생에서 가장 소중하거든."

그리고 나서 이 말을 한 제 스스로에게 감동받곤 하지요. 하지만, 며칠 후 시험 성적이 나오면 상황은 달라집니다. 기가 죽어 눈치만 보는 아이를 대놓고 꾸짖습니다.

"도대체 이게 뭐냐! 어떻게 공부했으면 이 모양이야?"

시험을 보기 전에는 과정을 중시한다고 하면서도 결국 제 자신부터가 결과에 집착하고 맙니다. 왜냐! 제 아이를 못 믿기 때문입니다. 마음속으로는 '내가 그렇게 말했는데 결국 과정을 소홀히 해 이 모양이 되었구나'라고 생각하는 것입니다. 그래서 그런 말이 나오는 거지요.

목적만큼 과정도 중요하다

유럽 여행 광고를 보면 일주일 간 4~5개국의 십수 군데 명승지를 몽땅 돌아다니며 관광하는 프로그램이 있습니다. 목적지에 머무는 시간보다 목적지로 가는 시간이 훨씬 길어지지요. 사람들은 이 시간에 주로 잠만 잡니다. 이동 시간은 그 나라의 풍경을 볼 수 있는 좋은 기회임에도 피곤에 지친 몸을 잠으로 추스르지요. 결국 여행의 대부분을 잠으로 채우고 맙니다.

반면 어떤 사람들은 일주일 내내 한 도시에 머물면서 직접 발품을 팔아 구석구석 돌아다니는 여행을 선호하기도 합니다. 여러 나라를 돌아다닐 수는 없지만 목적지에서 관광하는 시간이 훨씬 길어집니다. 먼 나라에 갔으니까 굳이 더 먼 곳으로 가지 않고 여행을 즐기는 것이지요. 어느 게 더 좋은 여행 방법인지는 사실 잘 모르겠습니다.

대부분의 사람들이 방법보다 목적을 중요시합니다. '모로 가도 서울로만 가면 된다…….'인가요? '나비navi' 양이 시키는 대로 가장 시간이 적게 걸리는 방법을 택해 목적지로 가기를 선호하지요. 아마도 거의 모든 사람이 비슷하게 생각할 것입니다. 방법이야 어찌 됐든 오로지 목표만이 최고의 가치이지요.

사람으로 태어난 이상 삶의 종착역은 '죽음'일 것입니다. 목표를 이루었다는 것은 목표 달성을 위해 많은 시간과 노력을 들였다는 의미일 텐데, 한편으로는 죽음과 그만큼 가까워졌다는 의미일 수도 있습니다. 목표에 도달한 후 삶의 시간이 별로 남아 있지 않을 수도 있겠지요. 이동하는 데에 여행 시간의 대부분을 소비하듯이 삶의 목표를 성취하는 데에 결코 짧지 않은 세월을 사용한 경우입니다.

목표의 끝이 아니라 그 과정에 시야를 돌려보면 어떨까요? 목적지보다 내가 선택한 곳에 이르기까지의 시간과 과정을 더 소중히 여기는 것이지요. 그러면 좀 더 여유가 있을 것이고 심신도 훨씬 편할 것입니다. 어쩌면 그 과정의 삶이 아름답게 보일 것도 같습니다.

목적지에 이르는 길에서 나오는 다른 목적지로 가는 사람들도 눈에 들어오게 되겠지요. 서로 가는 길이 다르니 서두르다가 부딪혀 넘어질 일도, 앞서겠다며 아웅다웅할 일도 없습니다. 오히려 서로에게 '조심해서 가라'며 안부를 건넬 여유도 생길 것입니다.

그 같은 과정의 소중함을 아이에게 알려주는 게 참 중요할 것 같습니다. 그러기 위해서는 우리 부모들도 조금 더 여유로워야 하겠지요. 살아가면서 마음속의 바람을 반의 반도 못 이루는 게 사람의 삶일진대, 조그마한 것이라도 하나하나 이루어가는 과정의 즐거움을 아이들이 알게 된다면 훨씬 보람 있고 가치 있는 삶을 살게 되지 않을까요? 내 작은 것의 가치를 안다면 이웃과 더불어 사는 삶의 소중함도 아이는 잊어버리지 않을 것입니다.

사람은 누구나 그만의 장점이 있다

과정을 소중히 생각하다 보면, 남들이 모두 선호하는 직장, 직업이 아니라 내 아이가 좋아하고 가장 잘할 수 있는 일을 찾아주는 게 더욱 중요해집니다. 아이들에게 각자의 주특기를 하나씩 만들어주는 것이지요.

아이들이 원하는 것을 찾아주는 부모가 되려면 어떻게 해야 할까요? 먼저 부모님 본인부터 바뀌어야 할 것 같습니다. 내 이웃이 나를 어떻게 볼까 신경 쓰이고, 다른 집 아이들보다 우리 아이가 뒤떨어지는 게 죽기보다 싫은 것이 우리들 부모의 마음입니다. 그런 생각 해봤자 나만 손해라는 것을 너무나 잘 알지만, 그게 사람의 마음인 이상은 쉽지 않습니다.

그런데, 이런 마음을 바꿀 방법이 하나 있습니다. 무엇을 하든 스스로에게 자신감을 가지는 것입니다. 그리고 이 자신감은 '사람은 누구에게나 그만의 장점이 있다'라는 믿음에서 나옵니다.

청소년 시절 제가 가장 견디기 힘들었던 것은 남들이 저보다 다 잘나 보였을 때였습니다. 다시 말해, 능력 없는 제 자신을 느낄 때가 가장 괴로웠지요.

고등학교 2학년이었던 1980년 5월은 참 시끄러웠지요. 이른바 '서울의 봄'이 왔습니다. 우리 학교 옆에 있는 대학교도 형들과 누나들이 엄청나게 고생하셨지요. 물론 우리 학교도 데모를 했습니다. 그런데, 데모의 이유가 완전 딴판이었습니다. '두발 자유화'였으니까요. 데모 계획이 세워지고 교내에 1, 2학년이 모인 것까지는 좋았는데, 막상 교련 선생님과 체육 선생님이 몽둥이를 들고 호통을 치시자 다들 허겁지겁 교실로 쫓겨 들어왔습니다. 그때는 선생님이 참 무서웠지요.

여하튼 아이러니하게도, 그런 혼란 속에서 저에게 닥친 엄청난 시련을 이겨낼 모습을 보게 됩니다. 그 시절 제게는 민주화를 위해 투쟁하는 형들과 누나들이 존경과 부러움의 대상이었습니다. 성적이 떨어질 대로 떨어져 대학교에 제대로 들어갈 수 있을지조차 의심스러웠던 상황이라서 더욱 그랬는지도 모릅니다.

그런데, 그런 우상들이 전경들과 한판 하면서 휩쓸고 지나간 자리에는 깨진 보도블록과 쓰레기, 담배꽁초가 너저분하게 남아 있었습니다. 투쟁을 위해서 어쩔 수 없었던 측면은 있었겠지만, 당시에는 그런 모습을 당최 이해할 수 없었습니다. 완벽해야 할 우상이었으니까요.

그러면서 느껴지는 게 있었습니다. 아무리 존경받고 뛰어난 사람들도 부족한 점이 있다는 사실입니다. 나아가서 이 생각은, 세상 모든 사람에게는 좋은 점이 적어도 하나 이상은 있을 것 같다는 데에까지 이르렀고, 당연히 저도 예외는 아닐 거라는 생각이 들었지요. 그러니 제가 가진 좋은 점을 믿고 열심히 노력하다 보면, 아무리 제가 못났더라도 언젠가는 인정받을 게 틀림없어 보였습니다.

그것이 모든 것의 시초였습니다. 욕심 내지 말고 지금 당장에 할 수 있는 것을 조금 더 열심히 하자는 쪽으로 실천 방향도 정했지요. 그러고 나서 아주 조그마한 성공이 있었고, 이로부터 자신감은 다시 움트기 시작했습니다.

자신감의 상실이야말로 가장 무섭다

어른이나 아이들이나 가장 무서운 것은 '자신감의 상실'이라고 생각합니다. 그리고 자신감을 잃어버린 사람들에게 가장 좋은 약은 '칭찬'입니다. 내 스스로에게는 물론 아이들을 많이 칭찬해주었으면 합니다. 여담입니다만, 스스로에 대한 칭찬을 어색하게 여길 필요는 없습니다. 아침에 거울을 보며 "참 잘생겼군!", "넌 똑똑하니까 다 잘될 거야!"라는 식이어도 좋지 않을까요?

아이에게 맞는 '나만의 길'을 찾아주는 건 더욱 중요할 것입니다. 남들과 비슷한 길을 가면 그만큼 부딪치는 일도 많고 그 와중에 마음을 다치게 마련이지요. 하지만, 나만의 길에서는 역경은 다소 있을지 몰라도 워낙에 내가 좋아하는 일인 만큼 역경을 견뎌낼 마음도 스스럼없이 가지게 될 것입니다.

사람과 이웃, 그리고 우리 아이들이 점점 더 소중해지는 세상이 되고 있습니다. 우리 아이들, 그리고 내 주위의 힘들어하는 모든 젊은이들에게 "아무리 힘들더라도 내가 가지고 있는 능력을 굳게 믿어라!"라는 말을 꼭 하고 싶습니다. 아무리 자신이 못나고 보잘것없어 보여도 나만의 장점, 즉 남들보다 뛰어난 뭔가가 분명히 있다는 사실을 기억하기 바랍니다.

모든 사람들이 행복하게 살 수 있는 유일한 방법은 '내 장점을 살리는 것'입니다. 사람은 누구나 저마다의 장점을 가지고 있습니다. 아직 그 장점을 발견하지 못했더라도 너무 조급해하지 마세요. 자신감을 가지고 성실하게 임하다 보면 꼭 눈에 띌 것이니까요.

지금 당장 내게 닥친 어려움은? 세상을 겸허하게 살 수 있는 기회를 주는 시간으로 받아들이기 바랍니다. 살면서 무언가를 찾아가는 과정에서 갖추어야 할 자신, 성실, 그리고 겸손의 가치는 세상을 내 품에 안을 수 있는 중요한 덕목들입니다. 제가 만든 우리 집 가훈이기도 하지요.

단점을 고치기보다는 장점을 살리는 게 낫다

 자신의 단점을 고치기 위해 드는 노력의 10분의 1만 투자하면 본인의 장점을 열 배는 좋게 할 수 있습니다. 하지만, 사람들은 자신의 단점만을 보려고 하고, 그것을 고치지 못하는 자신을 마냥 깎아 내리지요. 저 역시 크게 다르지 않습니다. 그렇다면 역으로, 본인의 장점을 최대한도로 살려서 단점을 덮어버리는 건 어떨까요?
 꼬치꼬치 따져보지 않아도, 정도의 차이가 있을 뿐 모든 사람은 다 자기만의 장점과 단점을 가지고 있습니다. 실제로, 단점이 아무리 많은 사람이라도 처음에는 그 사람의 장점이 보였기 때문에 친해지는 거잖아요.
 저는 몇 년 전부터 제가 할 수 있는 것과 할 수 없는 것(정확히 말하면 하고 싶어도 능력이 달려서 못하는 것)에 대해 조금씩 알게 되었습니다. 예전에는 제가 다 할 수 있다고 생각했는데 우물쭈물하는 사이에 다른 사람이 그것을 해버리더라고요! 처음에는 무지하게 괴로웠지요.

그때부터 사람을 칭찬하는 습관, 또 남 잘되는 것 좋아하는 습관을 기르고자 '목숨 걸고' 노력했습니다. 베개를 쥐어뜯는 밤이 한동안 계속됐고 약이 올라 잠을 설친 적도 한두 번이 아니었습니다. 그 과정을 거치고 나서야 지금은 제가 잘할 수 있는 것(이조차도 완벽하진 않지만)에 집중해 하려고 합니다. 이게 얼마나 편한지 모릅니다! 또 남을 사심 없이 칭찬해줄 수 있어서 마음도 뿌듯해지고요.

제가 가야 할 학문의 길을 소홀히 하면서까지 이런 글을 준비하는 것 또한 '나만의 것'을 찾는 한편으로 교육자로서도 좀 더 의미 있게 살아가고 싶어서입니다. 이런 '직무유기' 덕분에 세상을 조금씩 더 즐기게 되었지요.

내가 가진 장점과 단점을 바로 알기

교육자로서, 또 학문적으로 많은 도움을 주시는 선배 교수님들이 여러 분 계십니다. 항상 저를 챙겨주시지요. 몇 분은 굉장히 고지식해 본인이 세운 원칙을 끝끝내 고집하십니다. '털 심은 데 털을 박아야만' 직성이 풀리시는 분들이지요. 그런 분들께 저는 말장난도 많이 칩니다. '꼰대'라는 둥 '성격이 더럽다'는 둥 적어도 다른 사람들에게는 감히 듣지도 못할, 아니 들어서도 안 될 말로 약을 올립니다. 그래도 그분들은 모두 끝까지 '허허' 하면서 웃어넘기시지요.

그렇게 한없이 관대한 분들이지만 어떤 때는 소름이 끼칠 정도로 엄해지십니다. 같은 교수끼리 하지 못할 어려운 조언도 서슴없이 해주시지요. 말씀은 부드럽게 하시지만, 임금의 추상같은 엄숙함이 느껴질 때조차 있습니다. 그런 식으로 지금까지 이끌어주셨으니 제 인생의 보석 같은 분들이기도 합니다.

그분들에게는 한 가지 학문적인 공통점이 있습니다. 본인의 일과 분야에서만큼은 명확한 범위와 변하지 않는 목표를 갖고 있다는 점입니다. 무엇보다 일에 대한 자부심이 대단히 강하시지요. 그런 반면, 자신의 전문성을 벗어나는 것에 대해서는 전혀 욕심을 가지지 않습니다. 이런 절제의 덕이 그분들을 해당 분야의 최고 전문가로서 인정받게 한 것 같습니다. 많은 소중한 것들을 희생하면서까지 전문성을 쌓아왔고, 또 본인 분야를 올바르게 이끌기 위해 부단한 노력을 해오신 것만큼은 존경받아 마땅할 것입니다.

그런데, 그분들은 다른 사람들로부터 무지하게 욕을 먹기도 합니다. 그분들을 존경하는 사람이 있는가 하면 싫어하는 사람들도 없지 않습니다. 물론 저야 그분들을 한없이 좋아하지만, 성격적으로 고쳐야 할 점도 분명히 가지고 계시지요.

생각이 여기에 미치다 보면 저를 다시 돌아보게 됩니다. 저 역시 친구가 많지만, 장점과 단점을 똑같이 가지고 있는 만큼 저를 싫어하는 사람도 엄청 많을 것 같습니다. 살다 보면 개개인의 이해가 충돌하기도 하고 힘겨루기도 해야 하기 때문에 어쩔 수 없는 것 같습니다. 창피한 모습도 적지 않은 저인지라 그런 부족한 점들이 남의 눈에 띄면 어쩌나 전전긍긍해하기도 합니다.

내가 가진 장점이나 단점을 바로 알고 살아가는 삶은 그래서 참 소중한 것 같습니다. 그래야 내 장점을 살리면서도 단점은 덮고 살아갈 수 있으니까요. 성공된 삶을 위해 앞만 보고 뛰어갈 때에는 본인 스스로가 가진 장점을 부단히 키워나가는 게 관건일 것입니다. 하지만, 사람은 혼자서 살아갈 수 없으니 때때로 옆도 보고 뒤도 돌아봐야 하지요. 그때는 다른 사람들의 시선으로 내 단점을 한번쯤 바라보는 여유가 필요할 것입니다.

자기와의 타협이 필요하다

제가 아는 어느 학생은 참 다정하고 열심히 생활합니다. 하지만, 자신에 대해 늘 자신감을 가지지 못하지요. 그래서 남들을 부러워하고, 끝내는 그 반대급부로서 선생님의 사랑을 독차지하려 해 친구들과 트러블이 일어나곤 합니다. 이 학생의 부족한 점을 고치는 방법은 단 하나! 본인 스스로에 대해 자신감을 가져야 합니다. 더욱더 자신을 믿고 내가 참 소중하다는 것을 항상 느껴야 하는 것이지요. 그렇게 하면 마음의 여유가 생길 것이고 이웃에게도 잘하게 돼 주변의 평판이 좋아질 것입니다.

선생의 입장에서 우리 학생들을 보면 모두가 다 특색이 있고 자신만의 장점이 있습니다. 오랜 시간 함께 생활하다 보면 학생들의 그런 장점과 단점이 눈에 훤히 보입니다. 하지만, 정작 본인들은 그런 것들을 쉽게 못 느끼지요.

그래서 저는 일부러 학생들을 자극하기도 합니다. "게으른 놈!"이라든지 "기본이 안 돼 있는 놈!" 같은 험담을 서슴없이 내지릅니다. 어떨 때는 천사 같은 얼굴을 하고 "자네는 장점이 참 많은 거 같아. 그런데 그중에 가장 잘할 수 있는 게 뭔지 한번 찾아봐. 그 장점을 최대한 살려가는 거지."라고 조언해줍니다. "단점을 고치는 것도 중요하지만 그게 쉬운 일은 아냐. 더욱이 그 때문에 본인의 장점을 외면해서는 안 돼."라고도 말해주고요.

자신의 단점을 고치는 일은 참으로 어렵고 기나긴 과정입니다. 서두른다고 해결될 일이 아닙니다. 무엇보다 본인과의 싸움이 제일 힘듭니다. 그래서 저는 학생들에게 이따금 이야기합니다.

"천천히 그리고 조금씩 꾸준히 좋아질 생각을 해야 돼. '나는 이래서 안 돼!'가 아니라 '노력하다 보면 나도 이렇게 되지 않을까?'라는 마음으로 말이지."

솔직히 저도 단점을 고치는 게 너무 힘듭니다. 스스로 한심하게 느껴질 때도 참 많지요. 그래서 그나마 타협책을 하나 만들었습니다. '내 마음이 원래 그런 건 당장에 어쩔 수 없으니 일단은 겉으로 내보이지 않도록 노력하자!'라고요. 그 대신 제가 가진 장점을 극대화하는 데 최선을 다하려고 합니다.

자신의 단점에 너무 괴로워하거나 얽매이지 않았으면 합니다. 부모 눈에 비치는 아이의 단점도 마찬가지겠지요. 그럴 시간이 있으면 내가 가장 잘하는 것과 하고 싶은 일에 몰입하는 게 훨씬 낫지 않을까요? 그렇게 해서 남들이 내가 가진 단점을 이야기하기보다 내 장점을 더 많이 이야기하게 만든다면, 내 자신의 부족한 점이 어느 정도 극복된 것이라고 생각합니다. 절대로 완벽해지려고 하지 말고 스스로와, 혹은 세상과 타협하길 바랍니다. 행복은 마음속에서 비롯된다는 말, 상투적인 표현인 것 같지만 나이가 들면서 그게 '참'이라는 걸 깨닫습니다. 세상의 뭔가가 나를 행복하게 해줄 것 같아도 행복 그 자체를 본인이 느끼지 못하면 아무것도 아니지요.

일단 시작하는 게 중요하다

고등학교 때 다들 수학여행을 갑니다. 지금이야 비행기 타고 제주도로 가거나 심지어는 멀리 외국까지 가는 학교도 있지만, 우리 때는 경주가 수학여행의 성지였지요. 교통편은 주로 수학여행 특별열차를 타든지 청량리에서 출발하는 완행열차를 이용했고요. 특별열차라고는 해도 아침 8시에 출발하면 저녁 어둑해질 무렵에야 도착하는 '특별 완행열차'였습니다. 그래서 여행 가는 맛에 취하지 않으면 엄청 지루한 시간이 될 수밖에 없었는데, 이 '난감한 시간'을 어떻게 보낼지가 학생들의 주된 관심사였지요. 각종 아이디어가 난무하지만, 결국 카드게임 하거나, 선생님 몰래 술 마시거나, 자거나 하는 게 고작이었습니다. 그 시간 자체가 여행의 묘미로 남기는 해도 꽤나 지루한 시간이었지요.

늦게 오는 인간들은 어디에나 있는 법이어서, 열차는 예정 출발 시각인 아침 8시를 훨씬 넘겨 출발했습니다. 경주까지 지나야 하는 역은 얼추 사오십 개 이상 되고, 태백산맥에서 갈라져 나오는 산맥이란 산맥을 모두 넘어야 했지요. 그렇게 열 시간 가까이 타야 했지만 친구들과 떠들다 보니 어느덧 경주에 도착할 수 있었습니다. 도착 시각은 잘 기억나지 않는데 아무튼 예정보다 그리 늦지는 않았습니다. 아마 속력을 냈던 모양이지요.

나중에 대학을 졸업하고 나서는 비행기를 타고 외국에도 자주 다니게 되었습니다. 그런데 희한하게도, 웬만큼 늦게 출발하더라도 도착 시각은 엇비슷하거나 심지어 예정보다 일찍 도착하곤 했습니다. 하도 신기해서 물어 보니 일단 비행기가 이륙만 하면 맞바람 치는 지역을 피해서 날든지, 아니면 순풍이 부는 곳을 찾아 비행해서 시간을 단축한다고 합니다.

기차건 비행기건 일단 출발만 하면 뭔가가 이루어지는 것 같습니다. 다소 출발이 늦더라도 별 걱정 안 해도 되지요. 출발하지 않았다면 시간만 하염없이 흐를 뿐이지만, 준비가 되었건 되지 않았건 출발을 하면 어떤 식으로든 결과가 나옵니다. 게다가 좀 늦게 출발했다고 해서 도착이 그리 늦어지는 것도 아니지요.

사람이 살아가는 것도 마찬가지인 것 같습니다. 기차를 타기 전이나 비행기가 이륙하기 전에는 목적지가 정말 까마득하게 느껴지고, 너무 늦게 출발하는 것 같지요. 하지만, 일단 출발해서 가다 보면 어느새 목적지가 가까워져 옵니다. 점점 시간이 더 빨리 지나가는 것 같기도 합니다. 첫 번째 역을 지난 게 얼마 되지도 않은 것 같은데, 금세 다음 역을 알리는 방송이 나옵니다.

인생의 여행길에서 우리는 출발이 늦었다며 많은 고민을 합니다. 남들보다 뒤처진 느낌이 들 때는 더욱 그렇지요. 그냥 이제라도 출발하면 될 텐데, '지금 출발해서 언제 도착하겠느냐'며 걱정만 앞세웁니다. 늦게 출발하든 느리게 가든 출발만 하면 결과는 반드시 얻게 됩니다. 가는 중에 요령이 생겨 더욱 빨리 갈 수 있을 것이고 운이 좋아 지름길을 발견할 수도 있습니다.

중요한 것은 '그냥 시작하는' 단순한 지혜이지요. 너무 가까이에 있는 목표를 보기보다는, 멀리 내다보고 꾸준히, 자신의 페이스대로 가는 게 중요할 것 같습니다. 그 어느 누구의 삶에서든 세월은 멈추는 법이 없습니다. 내가 머뭇거리고 있는 이 순간에도 시간은 앞으로만 흐를 뿐입니다. 더욱이 이십대의 일년보다 오십대의 일년이 엄청 빠르게 느껴지지요. 아무 생각 없이 내 일을 차분히 해나간다면 나도 모르는 사이에 목적지에 도착한 자신을 발견할 것입니다. 목적지에 이르는 여러 갈래 좋은 길도 가다 보면 알 수 있다는 사실도 믿으시기 바랍니다.

일단 출발할 것! 그리고 내 앞을 가로막은 산을 넘어야 그 다음 산이 보이겠지만, 중간에서 포기하면 오도가도 못 한다는 사실도 잊어서는 안 되겠지요.

존중과 배려의 마음
심어주기

　사람들은 대개 힘을 갖게 되면 힘없는 사람을 무시합니다. 나만이 옳다고 무작정 밀어붙이는 습성이 생기지요. 불필요한 논쟁을 피하고 빠른 일처리가 가능하기 때문에 설득시키기보다는 힘으로 누르는 게 효율적이라고 느끼는 것 같습니다. 또 자신이 내린 결정이 반드시 옳기 때문에 남들 또한 나를 신뢰할 거라고 철석같이 믿습니다. 내가 지금까지 공부 열심히 하고 성실하게 살아왔기 때문에 이제는 남보다 앞에 설 수 있다는 자신감과 우월감이 마음속에 가득 하지요. 그러면서 본인의 생각을 '역사적 소명', '사회 공동체에 대한 책무' 등의 말로 치장하곤 합니다. 어느새 오만해져 버린 것입니다.

　세상에서 가장 똑똑한 본인이 사회, 국가, 세계를 발전시키기 위한 과업 완수를 위해 끊임없이 권력, 재산, 명예를 축적합니다. 또한 자신의 세력을 강화시키기 위해 힘센 사람들끼리 네트워크를 맺어 집단화, 세력화하지요.

이러다 보면 힘을 뺏긴 사람들이 복수의 칼을 갑니다. 소위 1%와 99%의 대립이 되는 거지요. 기득권을 지키는 자들은 '보수', 기득권을 뺏으려 하는 사람들은 '진보'란 말이 붙습니다. 이들은 적 아니면 동지로 서로 세력화해서 싸울 뿐 상대방의 좋은 점은 절대 인정하지 않습니다. 여태껏 당해 왔으니까요. 그러다가 자신들에게 유리한 분위기가 되고 힘을 갖게 되면 모든 걸 싸~악 바꾸려고 합니다. 살아 있는 생물인 역사가 단절되는 순간입니다.

이러다 보니 나라 꼴이 말이 아닌 것 같습니다. 그런데 희한하게도 세상은 여전히 잘 굴러갑니다. 오히려 옛날보다 새로운 것도 많이 생기고 더 좋아지고 있지요.

그렇게들 싸워대는데 발전하는 건 왜일까요? '남이 잘되면 그게 부러워서라도 나는 그보다 잘해야지' 하고 열심히 살아가는 우리나라 사람들의 근성이 발전의 원동력이 된 때문입니다. 싸우는 한편으로 '우리가 남이가' 하는 공동체의식이 사람들 마음을 묶어주는 측면도 있고요. 나와 다른 생각을 가진 상대방이 너무 미워서 거의 죽을 때까지 '패대기'치지만 결국 불쌍해서 살아갈 길은 열어주는 게 우리 사회를 버티게 해주는 큰 힘이 되는 것 같습니다.

세상은 넓고 배울 점은 많다

우리나라와 일본은 영원한 라이벌입니다. 유럽에서 영국과 프랑스, 남미에서는 브라질과 아르헨티나처럼 어느 한 나라가 망해서 없어질 때까지 경쟁할 것입니다. 쪼그마한 바다를 사이에 두고 떨어져 있는 두 나라 국민의 성격은, 그러나 판이하게 다릅니다.

우선 한국! 어렸을 때부터 아이들이 자신감을 갖도록 부모들이 수단과 방법을 가리지 않습니다. 세상이 무너져도 꿋꿋하게 살아남을 만큼 씩씩한 아이가 되길 모든 부모가 바라지요.

그러면 일본은? 그네들의 가정교육 키워드는 '배려'입니다. 남에게 민폐 안 끼치는 삶이 일본인 가정교육의 최고 덕목이지요. 정리정돈을 잘하는 것도 그 때문입니다.

반면에 한국인들은 신바람 난 자신을 구태여 숨기지 않습니다. 나만 좋으면 그만일 뿐 주위를 의식하지 않아 사람들 눈을 찡그리게 합니다. 일본에서는 그런 광경을 거의 볼 수 없을 뿐더러, 만약 그런 사람이 있으면 순식간에 바보 취급을 당합니다. 몇 년 전 세계야구선수권대회 한일전에서 한 경기 이겼다고 그들이 신성시하는 마운드에 깃발을 꽂은 한국 선수들에게 이를 간 일본 사람들이 상당히 많았을 것입니다. 물론, 그런 일본인들도 남의 나라에 대한 배려는 부족한 것 같습니다. 한국 야구 수준을 능멸한 어느 일본 야구선수에 대해 한국 사람들은 또 얼마나 비분강개했나요!

한국 사람들은 일본에 가면 답답함을 느낄 일들이 꽤 많습니다. 모든 것이 원칙대로 돌아가는 사회 시스템인지라 찔러도 피 한 방울 안 나올 만큼 융통성이 전혀 없습니다. 또한 자신들이 세운 규칙을 중시하므로 엄청나게 배타적입니다. 심지어 외국인이 신용카드 발급받기는 거의 하늘의 별따기이지요. 최고로 발전된 IT기술을 운용하고 있음에도 전철 운행은 아직 수신호로 하고 있고요. 그런 사회에서 살아가는 일본 사람이 한국에 오면 정말 난폭하고, 무질서가 판치는 세상으로 보일지도 모르겠습니다.

한일 두 나라의 국민성은 아이들 키우는 방법에서도 차이가 납니다. 한국 부모들은 아이들에게 뭔가 할 수 있다는 것을 보여주고 스스로 하는 버릇을 들이게 합니다. 남에게 피해를 주더라도 새로운 일을 해내면 참 대견스러워하지요.

그런 반면에 일본에서는 정리정돈, 예절, 공중도덕을 제일 중요시합니다. 밥 한 톨 안 남기는 식사예절, 정리하는 습관, 단체 활동의 중요성을 최우선해서 가르치지요. 기본 소양을 중시하는 그들은 젓가락질을 제대로 못하면 '돼먹지 못한 놈', '가정교육이 나쁜 놈'으로 무시합니다. 요컨대, 한국 아이들이 또래 의식이 강하고 생존력이 뛰어난 사람으로 성장하는 반면, 일본 아이들은 규칙을 소중히 여기고 체제 유지에 적합한 사람으로 성장합니다.

우리나라 아이들에게 꿈을 물어보면 대개 권력 지향적이거나 자유직종 성향이 짙습니다. 그런 이유로 사회성과 리더십을 중시하지요.

반면에 일본 아이들은 집안의 일들을 계승하려는 경우가 많습니다. 얼핏 꿈 없이 살아가는 것 같기도 하지만 자신의 전문성만큼은 확실하게 개발하지요. 그 단적인 예로, 일본에는 몇 대에 걸쳐 음식점이나 꽃집 같은 동네 가게를 하는 사람들이 흔합니다.

이런 성격 차이는 공부하는 학생들에게도 나타납니다. 한국에 유학 온 일본 학생들은 소속된 교실에 있는 규범이나 프로토콜대로 일단 답습합니다. 그 규칙에 익숙해진 다음에 자신이 하고 싶은 것을 하나씩 심어가지요. 그에 비해 한국 학생들은 연구실의 규범을 자신에 맞게 아예 처음부터 제멋대로 조금씩 바꾸어버립니다. 이는 새로운 환경에 빠르게 적응하는 데에는 큰 도움을 주지만, 자칫하면 시스템 전체를 망가뜨릴 수 있습니다.

나라만으로 보면 서로 정말 마음에 안 드는 나라입니다. 수많은 한국인을 죽이고 아직까지 독도를 자기 땅이라 우겨대는 '쪽발이', 염치없이 일본에 들어와 질서를 파괴하고 기생충처럼 일본의 부를 훔쳐가는 '조센징'이지요. 하지만, 한국 사람이 일본에 가면 참 많은 것을 배웁니다. 한국에 오는 일본 사람들도 마찬가지일 것입니다. 각자 상대방의 합리성과 진취성이 눈에 들어오는 거지요. 아마도 이 두 가지 장점이 결합되면 엄청난 위력이 발휘되겠지요.

세상을 단번에 지금보다 더 낫게 바꿀 수는 없습니다. 지금까지의 역사, 우리 민족 개개인의 속성을 보더라도 그건 불가능합니다. 그래도 앞으로는 지금 같은 분노와 경쟁의 사회에서 조금씩 진화해야 합니다. 좀 더 다양한 생각이 서로에게 받아들여지고, 보통 사람들의 의견이 반영되었으면 좋겠습니다. 그리고 우리가 가진 고운 심성을 잘 살렸으면 합니다. 지금까지 '돌격 앞으로'의 정신으로 매진해 왔다면, 이제는 '더불어 잘사는' 마음으로 나아가는 것이지요. 그래서 우리 아이들에게는 보다 나은 세상을 물려주었으면 좋겠습니다.

세상은 정말 다양하고 이웃에게 배울 것도 참 많은 것 같습니다. 나쁜 것조차도요! 서로에 대한 존중과 배려의 마음이 필요할 테지요. 선택은 결국 우리 한 명 한 명의 마음에서 시작될 것입니다. 나와는 다른 너를 인정하면 미래가 보일 것입니다. 바로 이런 이해가 우리 아이들을 키우는 데에도 요긴하게 쓰일 것 같고요.

따돌리는 아이, 따돌림을 당하는 아이

존중과 배려의 마음을 심어주기는커녕 요즘 아이들은 크게 엇나가지만 않아도 고마워해야 할 지경인 것 같습니다.

어째서 그토록 잔인한 아이들이 있을까요? 오늘 아내가 학교에서 급식봉사를 했는데 순하게 생긴 한 아이를 여러 아이들이 에워싸고 앉아서 조용한 말로 '죽이면서' 밥을 먹더랍니다. 끝내 그 아이는 밥을 먹다가 눈물을 글썽였고요. 엄마들이 옆에서 챙기려 했지만 어떻게 할 수 없었답니다. '재수 없다'고 그 아이를 겁주면서 자기네끼리 껄렁

거리며 식당을 나가더래요. 마음이 너무 짠하더라고요. 저는 다른 건 몰라도 약한 사람 괴롭히는 꼴은 못 보는데! 우리 어렸을 때도 그랬을까요? 도대체 무엇이 잘못된 걸까요? 아이들이 어찌 그런 치사한 방법을 쓰는지…….

그나마, 그 아이 곁에 따뜻한 마음과 이해심을 가진 아빠 엄마가 있다면 다행일 것입니다. 문제는 '왕따'를 당하는 아이들은 대개 가족의 따뜻함조차 못 느끼는 환경에서 살아가고 있다는 것이지요.

엄마 아빠가 합작해서 아이를 코너에 모는 경우가 있습니다. 아이는 부모의 기에 눌려 대꾸도 제대로 못한 채 스트레스를 받지요. 이때 쌓인 스트레스를 푸는 상대는 자기보다 약한 아이들이 제격일 것입니다. 그래서 아이들은 그런 아이를 찾고, 또 그런 아이는 더 약한 아이를 찾아서 스트레스를 풀어버립니다. 괴롭힘을 당하는 쪽 녀석들은 힘이 더 약한 아이를 괴롭히게 되는 악순환이 반복되는 거지요. 그런 가운데 비슷한 처지에 있는 아이들끼리 뭉쳐 무리를 짓고요.

요즘 아이들의 가장 큰 문제는 선악을 제대로 구분하지 못한다는 점입니다. 쌓이고 쌓인 분노가 폭발하다 보니 죄의식이 사라져버렸어요. 당장에 내가 힘들어 죽을 판이니, 선이고 악이고 생각할 겨를이 없어진 것입니다.

이런 아이들을 데려다 놓고 세상은 영재교육이나 경쟁력을 강조하며 끝없이 의무의 수행만을 요구합니다. 그러다가 정반대의 가치관을 지닌 사람들이 교육 정책을 좌지우지하게 되면 이번에는 학생의 권리와 인권 보호에만 목소리를 드높입니다. 상황이 이럴수록 기본 소양이 중요하고, 아이들에게는 둘 다 소중한 가치인데 말입니다.

길거리에서 담배 피는 청소년이 무서워 말도 못 꺼내는 세상이 되었습니다. 아이들에게 맞는 게 창피하고 "아저씨나 잘하세요!"라는 말을 듣기가 무서운 거지요. 김수환 추기경님, 강원룡 목사님, 그리고 법정 스님처럼 큰 가르침을 주는 나라의 어른들이 그립습니다. 이제는 그 누구도 사상과 생각의 양극화를 바로잡고자 나서지 않는 세상이 된 듯합니다.

한쪽에서는 속편한 해결책을 제시하는 어른들도 있습니다. '일벌백계'로 다스리자는 것이지요. 악을 꼭 악으로 다스려야 한다는 입장에도 동의할 수 없거니와 경찰 한두 명을 학교에 상주시킨다고 해결될 일이 아닙니다. 담임선생님을 두 명 둔다고, 또 학생 지도를 잘못했다고 선생님들을 감옥에 집어넣는다고 해서 문제가 없어질까요?

다시 한 번 말씀드리지만 세상은 바뀌었습니다. 엄마 아빠들은 20~30년 전에 성공했던 방식으로 아이들을 가르치려고 하지만, 지금 아이들은 그 20~30년간의 변화가 단 일년 사이에 일어나는 세상에 살고 있습니다. 아이들과 대화하고 소통하려면 아이들의 눈높이까지 눈을 낮춰야만 합니다.

아이들에게 옳고 그름을 가르쳐주는 데 굳이 얽매일 필요는 없습니다. 그저 곁에 함께 있으면서 부모님의 생각을 들려주는 게 무엇보다 중요합니다. 이런저런 일을 했고, 이건 옳았던 것 같고, 이건 아무리 생각해도 잘못한 것 같다, 라는 식으로 솔직하게 대화하는 거지요. 그러고 나서 옳고 그름의 판단은 아이에게 맡기면 됩니다.

나의 분신인 아이를 믿으세요! 적어도 아이의 절반은 나로부터 왔고 또 다른 절반은 아내로부터 왔으니, 내가 하는 말을 어느 정도는 이해해줄 것입니다.

아이는 함께하는 부모를 원한다

학교 폭력은 분명히 심각한 문제입니다만, 해결책의 근본은 가정에서 찾아야 할 것 같습니다.

별로 어려울 것도 없습니다. 집에서 아이들과 대화하는 시간을 하루 10분만이라도 만들거나 더 늘인다면 문제 해결의 실마리가 보일지도 모르겠습니다. '왕따' 문제나 학생들 간의 가혹행위 사건을 보면 거의 대부분 아빠 엄마와 떨어져 있는 아이들이 가해자가 되고 동시에 피해자가 되고 있습니다. 가해자이건 피해자이건 아이들은 엄마 아빠의 따뜻함을 그리워하고 있지요.

결코 가볍게 보아 넘길 일이 아닙니다. 아이들과의 생각, 사고, 대화의 단절은 참으로 무섭습니다. 요즘 아이들의 세상을 이해하기 위해서는 아이들 속으로 직접 뛰어드는 게 제일입니다. 그냥 지인들에게 문자 보내듯이, 농담하듯 아이들에게 문자 메시지를 이따금 보내는 것부터 시작해보세요. 아이들은 분명 뿌듯해하고 친구들에게도 자랑할 것입니다.

"울 아빠, 울 엄마 이런 농담도 카톡으로 보낸다. ㅋㅋ"

이런 식으로 부모와 아이 사이의 벽이 허물어지고 나면 부모의 고민이나 푸념을 나눌 수도 있겠지요. 옛날에는 어른들의 세상이 따로 있었지만, 이제 점점 세대 간의 차이가 사라지고 있습니다. 멋있고 존경스런 부모님이 되려면 아이들과의 거리를 더욱 좁혀야만 합니다. 부모님의 부족한 점도 솔직히 인정해야 할 것이고요.

아이들이 존경하는 부모는 자신들과 함께하는 부모일 것입니다. 옛날의 존경스러운 부모는 '가까이 하기에는 너무나 먼' 부모였지요. 근엄하면서도 자애로운 부모 상이 이상으로 여겨졌습니다. 아무리 덩치 큰 녀석이라도 부모 앞에서 응석을 부리고 재롱을 피우고 싶을 텐데, 부모님은 아이들이 다가올 틈을 보이는 데 인색하셨던 거지요.

'부모와 함께하고 싶은 바람이 모든 아이에게 있다'는 사실을 아이들을 대하는 중에 자주 느낍니다. 학교에서 있었던 별 중요하지도 않은 일을 엄마에게 조잘대고 싶어 하고, 걱정거리는 아버지에게 물어보고 싶어 하지요. 그런데, 그런 부모가 곁에 안 계시면 아이는 참 힘이 들 것입니다. 모든 걸 혼자 해결해야 하니까요.

중학교 때 아버지를 여의고 나서 제가 가장 힘들었던 것은 단순히 '존경하는 아버지의 부재'가 아니었습니다. '아버지를 아무리 기다려도 오시지 않는다'라는 사실이었지요. 그만큼 빈자리가 컸습니다. 제게 아무것도 안 해주셔도, 아버지가 안방에서 그냥 TV를 보고 계시기만 해도 좋을 것 같았습니다. 그냥 보고 싶었습니다…….

그 같은 애틋함 때문일까요? 지금도 딴 일은 몰라도, 아이가 집에 돌아올 때는 꼭 안사람이 아이를 맞아주게 부탁합니다. 저 역시 피곤해 아이와 함께 놀아주지는 못할망정 옆에서 '뒹굴뒹굴' 하려고 노력하지요. 아버지가 없는 어린 시절이 어떠했는지를 너무나도 잘 알기 때문입니다.

세상 모든 일에는
때가 있다

모든 일에는 때가 있습니다.

밥 먹을 때도, 화장실 갈 때도, 잠잘 때도 다 때가 있지요. 뭐, 자기만 괜찮고 다른 사람 이목을 신경 쓰지 않는다면 굳이 때를 지키지 않아도 되긴 합니다. 더군다나 요즘같이 바쁜 세상에는 때를 지키기가 쉽지 않지요. 햄버거를 걸으면서 먹거나 차 안에서 먹는 사람들을 이따금 봅니다. 옛날 같아 보세요! 어른들에게 '음식은 정해진 곳에서 먹어야 되고 제때 먹어야 된다'라며 바로 혼나지요. 가정교육도 제대로 못 받은 사람 취급받기 딱 좋습니다.

이처럼 때를 못 지킬 정도로 세상이 바쁘게 돌아가고 있음에도 여전히 때는 중요합니다. 왜냐하면, 바로 그 '때'가 되어야 마음이 움직이고, 마음의 움직임 없이 무언가를 해보았자 의미 없이 시간만 축낼 뿐이니까요.

오래전 대학교에 입학했을 때 저는 '이 세상에는 공부 잘하는 아이들이 정말 많구나!'라는 사실을 다시 한 번 느꼈습니다. 사실, 제 대입 성적은 전공학부 커트라인에 딱 걸려 있었지요. 우리 과는 총 78명을 뽑았는데, 제가 바로 그 커트라인이었으니 모두가 저보다 성적이 좋을 거라 생각했습니다. 그나마 위안이 되었던 것은 '나도 한때는 전교 몇 등 안에서 놀았으니 한번 해볼 만하다'라는 마음이었지요.

그 예상은 다행히 맞아떨어졌습니다. 가끔 장학금도 받으면서 무사히 졸업했습니다. 물론 학사경고를 받은 적도 있었지만, 입학할 때 성적에 비해서는 훨씬 우수한 '중하위권' 성적으로 졸업할 수 있었지요. 솔직히 말하자면, 그렇게 되기까지는 제가 잘해서라기보다는 다른 학우들이 열심히 '놀아준' 덕분이었습니다.

그처럼 대학 생활을 그럭저럭 해왔지만, 졸업할 즈음에는 더 이상 공부하기가 싫었습니다. 전공 서적만 봐도 머리가 지끈거릴 정도였지요. 당연히 공부 효율은 떨어지고 친구들 노트를 베껴서 공부했다가 시험이 끝나면 바로 잊어버리곤 했습니다.

아마도, 그 무렵의 제게는 죽기 살기로 공부해야 할 이유가 없었던 때문인지도 모르겠습니다.

난생처음 공부가 지겹게 느껴지지 않았을 때

　하도 놀아버리는 통에 영어 점수가 영 좋지 않았지만, 몇 군데 회사에 지원했다가 떨어진 끝에 어쨌건 졸업 전 취직에 성공했습니다. 그때 선택한 직장은 참 좋았습니다. 생산직 부서로 배치되었는데, 직제는 제 밑이지만 저보다 경험이 많은 30여 명의 생산직 직원들과 같이 근무했습니다. 함께 현장을 오가는 중에 금세 친해졌고 퇴근길에 대포 한잔 하면서 그분들의 풋풋한 삶을 배웠지요. 진지한 시간이었고 아름다운 추억으로 남아 있습니다.

　그렇게 2개월이 순식간에 지나고 졸업식에 갔을 때였습니다. 회사에 다니던 터라 아무 생각 없이 졸업식에 갔던 것인데, 우~와! 어찌된 일인지 대학원에 들어간 친구들이 왜 그리 많은지요!

　깔끔하게 차려 입은 모습에 대학원에 진학했다는 소리마저 들으니 마냥 부러웠습니다. 그렇게 졸업식이 끝나고 저녁에 친구들을 만났는데, 대학원 이야기며 민주화 이야기를 할 때에도 제 스스로가 너무나 왜소하게 느껴졌지요.

　저는 그때 비로소 제 자신을 똑바로 볼 수 있었습니다. 공부는 하기 싫어하면서 공부를 통해 얻을 수 있는 것들을 원하는 저를 발견한 것이지요. 그리고 보니 회사의 부속 연구실에서 가운 입고 다니는 사람들이 부러웠고, 병원에서는 의사나 간호사 선생님 앞에서 수의사라고 괜히 아는 체하는 제 모습이 떠올랐습니다. 참 부끄러웠지요.

그리고 나서 밤새 술을 마셨습니다. 급기야 다음날 회사에 무단결근했고 며칠 후 부장님을 찾아가서 무책임한 말을 내뱉고 말았습니다. 회사를 그만두겠다고요…….

쥐구멍에라도 숨고 싶었지만 어쩔 수 없었습니다. 그리고 생각했습니다. '이 세상에 공짜는 없다'라는 결론에 도달했지요. 뭔가를 얻으려면 출발이 늦었더라도 다시 공부해야 한다는 것, 그리고 지금이 바로 그 때라는 사실을 직감했습니다.

공부 결심을 하기는 했어도 당시에는 참 막막했습니다. 공부는 손을 놓은 지 이미 오래였고 할 일은 참 많은데 무엇부터 해야 할지 감이 잡히지 않았지요. 저는 고민 끝에 극단적인 방법을 택했습니다. 일단 집을 나왔습니다. 그리고 전투방위 시절 우리 부대 중대장님이었던 형님의 하숙집으로 쳐들어가 거기서 숙식을 해결했습니다.

그날부터 하루에 잠자는 5~6시간을 빼고는 종일 독서실에서 영어 공부만 했습니다. 중고등학생 시절 공부했던 《성문 기초영어》, 《핵심 영어》와 《종합 영어》를 다시 보며 고등학생처럼 공부했지요.

그러기를 6개월! 다시 집으로 돌아온 저는 이번에는 종일 방에 틀어박혀 대학원 전공 공부만 했습니다. 자고, 먹고, 공부하고, 먹고, 자고, 화장실 가고……. 식사는 어머니가 제 방으로 가져다주셨습니다. 3개월 정도 그랬던 것 같습니다.

그런데도 그때는 하나도 힘들지 않았습니다. 오히려 그런 생활에 만족했지요. 그 싫어하던 공부가, 대학원 입학을 위해 억지로라도 해야 했던 공부가 지겹지 않았습니다. 지금 돌이켜보면 '어떻게 그러고 살았을까!' 하는 생각마저 듭니다. 아마도 제가 걷고 싶은 길을 알게 되었고 또 때를 놓치고 싶지 않았기 때문일 것입니다.

제가 원하는 것(대학원 진학을 위해 선택한 전공)을 하는 것도 중요하고 그것을 위한 준비 작업(대학원 입시에 필요한 공부)도 중요하다는, 사실 별것도 아닌 평범한 진리를 깨달은 것이지요. 준비 작업 자체가 목표로 바뀔 수는 없겠지만, 준비하는 시간의 소중함을 그때 비로소 알게 된 것입니다.

지금 제 나이 또래 분들도 비슷한 경험이 있을 것입니다. 그런 치열함이 없었다면 사실 사회에서 안정적으로 살기 어렵지요. 다만 어떤 사람은 학창 시절, 또 어떤 사람은 사회인 시절에 그 '때'와 마주칠 따름입니다.

세상 살아가는 데도 때가 있다

사람의 삶을 찬찬히 살펴보면, 하기 싫어도 시간에 쫓겨 억지로 해야 할 때가 있습니다. 반대로 어떤 때는 아무리 하고 싶어도 부탁하거나 시켜주는 사람이 단 한 명도 없지요.

시간에 쫓겨 살아갈 때는 수많은 약속이 생깁니다. 약속이 '펑크' 나는 일도 다반사입니다. 당연히 이런저런 비난이나 잔소리가 들려옵니다. 그런 소리를 듣지 않으려면 결국 내 자신의 희생이 불가피합니다. 가정, 건강, 친구 같은 '소중한' 것들을 뒤로 제켜두고 사회생활을 위한 '중요한' 약속을 우선적으로 챙기게 됩니다. 즉, 소중한 것보다는 중요한 것이 먼저인 생활인 거지요.

당장에는 어쩔 수 없어 그리 하지만 이는 결국 엄청난 대가로 되돌아옵니다. 식구들 얼굴도 못 보고, 아내와는 남남같이 살든지, 몸까지 해치는 경우도 있겠지요. 그러다가 마침내 아무도 나를 불러주지 않는 시기가 되면 그제야 주위의 소중한 이들에게 눈을 돌립니다. 다만, 이때는 늦은 경우가 대부분이지요.

사람의 삶은 너무 일찍 성공해도 좋지만은 않을 것입니다. 그렇다고 인생 내내 성공할 그날만 기다리는 삶 또한 신통한 방법이 될 수는 없겠지요. 그래서 때를 잘 맞추어야 한다는 이야기가 나오나 봅니다. 적절한 시기가 되어야 하겠다는 생각을 가질 것이고, 또 하고 있는 일이 내 자신의 생활 패턴에도 잘 맞아야 한다는 거지요.

물론, 살면서 때를 안다는 게 참 힘이 들기는 합니다.

대학교 교원으로 취직한 저는 나름대로 열심히 살아온 것 같습니다. 학교에서 제게 주어진 일은 '신속! 정확! 비밀보장!'이란 행동지침 아래 빠르고 체계적으로 처리했다고 자부하지요. 그러면서도 제가 했다는 티를 가능한 내지 않으려 했습니다. 주위의 많은 도움과 또 꼼수도 잘 맞아떨어지다 보니 임용된 지 얼마 안 되어 보직을 맡게 되었습니다. 50대 중반의 교수님이 맡으셔야 격이 맞을 학부장이란 중책을 40대 중반에 얼떨결에 맡게 되었지요. 바로 이 사건이 결과적으로는 때를 그르친 게 아닌가 싶습니다.

그 당시 저는 연구년 준비를 하고 있었기 때문에 보직 맡는 것을 포기해야 옳았습니다. 한창 일할 40대 후반에 보직을 끝냈기 때문에 다시 공부를 이어가는 데 여간 힘든 게 아니었지요. 보직 기간 중에 주로 학교 일을 하다 보니 저와 학생들 사이에 생긴 공백 또한 컸고요. 연구할 시간이 상대적으로 적었기 때문에 학생 지도는 물론 연구 자체도 지지부진해졌지요.

한편으로 경륜도 없는 제가 연구, 행정, 교육을 몽땅 하자니 보직조차 제대로 수행하지를 못했습니다. 연구를 포기하고 행정을 다시 맡으려는 생각도 해보았지만, 다른 보직을 맡자니 전에 맡았던 직책보다 급이 낮아 살짝 자존심이 상하는 것도 같고, 그렇다고 욕심을 부려 높은 보직을 맡을 수도 없었지요. 누가 시켜줘야지요!

때를 안다는 건 그만큼 어려운 듯합니다. 다만, 어차피 앞일을 알 수 없는 게 사람의 삶이라면 그나마 '현재의 자신에게 충실하는' 것이 최선이 될 것입니다. 크게 욕심 내지 않고 세상 순리에 맞추고자 한다면 자연스레 내가 해야 할 일에 의욕이 생길 것입니다. 아니면 '때' 자체를 잊어버리고 그날 하루만 생각하면서 열심히 살든지요! 바로 그런 마음이 모든 것의 시작이 될 수 있습니다.

특히, 아이들에게 맞는 적절한 때를 고민할 때는 마음에 꼭 새겨야 할 게 있습니다.

첫째, '우리 아이는 평범하다'라는 생각을 꼭 가지셨으면 합니다.

그래야 현재 상황에 대범해지고 아이들이 무엇을 원하건 받아드릴 수 있을 것입니다.

둘째, 과정을 소중히 여기는 마음입니다.

목적과 대상이 무엇이든 간에 열심히 살아가고 무엇인가를 성취하려고 하는 의지만큼 중요한 것은 없습니다. 모든 덕목에 우선하는 가치이지요. 수단과 목적이 바뀌면 안 되겠지만, 그런 거 다 떠나서 오늘 하루를 열심히 살아가려는 태도는 정말 중요합니다. 아무리 세상이 바뀌고 가치관과 신념이 변화하더라도, 사람 사는 데 가장 중요한 원칙 중 하나는 '바쁜 놈이 먹이도 많이 챙긴다early birds catch the worm'라는 사실입니다.

셋째, 세상 모든 일은 다 소중하다는 마음가짐입니다.

이것을 알아야만 아이들은 자신이 진정으로 원하는 일에 다가갈 수 있습니다. 돈벌이를 따지고 직업의 귀천을 따지는 세상의 선입견에 물들어 있다면 아이가 선택할 수 있는 길은 그만큼 편협해지기 때문입니다.

부모님의 희망사항에 대해서는 힌트조차 '꾹' 참으시기 바랍니다! 아이에게 완전한 선택의 자유를 주어야 후회 없이 자신의 길을 찾게 되고, 그 꿈을 위해 자신이 무엇을 해야 할 때인지를 깨닫게 될 것입니다. 이때 부모의 역할은, 새롭게 열리는 세상에서 아이들이 자신의 꿈을 마음껏 펼칠 수 있도록 아이 곁에서 호흡을 맞추며 함께 걸어가는 정도로 충분할 것입니다.

실패에서 삶의 지혜를 배운다

저는 오늘 6년간 반복되어 온 어떤 실패를 또 경험했습니다. 그렇게 원했던 일이었건만 이번에도 이루지 못했지요. '뭐, 언젠가는 되겠지' 하고 애써 마음먹으려 해보지만 그리 쉽지 않습니다. 그래도 맨 처음보다는 훨씬 낫습니다. 지난 몇 년간 마음고생이 심했어도 실패에 대한 '내공'도 제법 쌓였기 때문인 것 같습니다. 처음에 실패 소식을 들었을 때는 정말 힘들었거든요! 며칠, 아니 몇 주 동안 아무것도 할 수 없었지요.

외국의 어느 유명한 장군님이 말씀하신 '나의 사전에는 불가능이란 없다!'란 말에 저는 '반기'를 듭니다. 아이들에게 자신감을 주기 위해 부모들은 자주 그 말을 인용하지요.

그런데, 세상을 살다 보니까 '그게 정말 맞는 말일까?' 그리고 '이 말이 아이들에게 정말 도움이 될까?'라는 의문을 갖게 되었습니다. 차라리 '세상에는 아무리 해도 안 되는 일이 분명히 있다'라고 솔직하게 일러주고 '그러니까 원하는 바를 이루지 못하더라도 너무 슬퍼하지 말라'고 이야기해주는 게 삶을 보다 정확히 이해한 것이 아닐까 합니다.

'불가능은 없다'라고 말한 그 장군도 결국 세상을 제패하는 데는 실패했지요. 그리고 유배지에서 쓸쓸하게 생을 마감했습니다.

'뭐 살다 보면 그럴 수도 있지.'

'아직은 내 능력이 부족한 모양이네.'

실패 앞에서 이처럼 덤덤한 것은 자포자기하는 패배론적 발상에 기인하는 게 아닙니다. 세상이 주는 결과에 대해 '마음을 비우겠다'라는 본인 의지의 표현이지요. 나아가서는 또 다른 나를 찾기 위한 준비과정이기도 합니다. 그렇기 때문에 우리들 보통 사람이나 아이들에게도 더욱 합리적인 태도일 것입니다.

세상을 살아가면서 우리는 얼마나 많은 실패를 맛보는지요! 그 실패를 통해 우리는 겸허함과 노력의 가치를 새삼 깨닫습니다. 참 다행스러운 '실패'가 아닐 수 없습니다.

'실패를 즐기는 인생'은 어쩌면 우리 모두가 정말 소중히 간직해야 할 세상살이의 비결일지 모릅니다. 다가올 소통의 시대에는 다양성, 유연성, 효율성이 가장 근본이 되고 바람직한 생활 태도일 것이기 때문이지요. 지금의 사회는 철저하게 경험이 중시되는 사회입니다. 무엇이든 해봐야 좋은지 혹은 나쁜지를 알 수 있지요. 실패에서 삶의 지혜가 나오는 것입니다.

하지만, 실패는 마음의 상처를 남기기도 합니다. 특히 어린 시절에 겪는 실패의 아픔은 쉽게 아물지 않지요. 그럼에도 실패는 유용합니다. 실패의 경험을 통해서만 우리는 똑같은 실패를 되풀이하지 않고,

행복에 다가갈 수 있기 때문입니다.

저는 오래전 서울 변두리 초등학교에 다닐 적에 우수한 성적과 모범적인(?) 행실을 지닌, 이른바 '범생이' 소리를 들으며 자랐습니다. 그러다가 5학년 때 서울의 최고 명문 사립 초등학교로 전학을 가게 되었지요. 그때부터는 매일매일이 충격이었습니다.

우선 선생님께서 수업하시는 내용을 전혀 이해할 수 없었습니다. 그전 학교에서는 선행 학습을 하던 것은 물론, 전교 1, 2등을 다투던 저로서는 기절할 노릇이었지요. 첫날 수업이 끝나자 자신감은 완전히 사라져버렸고 어떻게 생활해야 할지 막막했습니다. 처음에는 호기 있게 옆자리 친구에게 말도 잘 걸었건만 따~악 하루가 지나자 완전 벙어리가 되어버렸습니다.

며칠 후 그나마 조금 남아 있던 저의 전의를 완전히 상실하게 한 2건의 사건이 발생했습니다.

첫 번째는 반장 선거! 저는 반장 선거가 그렇게 대단한지 몰랐습니다. 방과 후에 청소를 하고 있는데 선거에 출마한 친구가 다가와서 자기를 뽑아달라고 부탁했습니다. 저는 별 생각 없이 "그래!" 하고 대답했고 그 친구가 반장으로 뽑혔지요.

그런데 다음날, 그 친구가 난데없이 저를 분식점으로 데리고 가더니 당시의 거금 15원짜리 라면을 사주는 것이에요. 지금 생각하면 아무렇지도 않은 일이었지만 제게는 큰 충격이었지요. 구멍가게에서

1~2원짜리 불량식품을 사먹어도 그게 어딘데 감히 라면을 얻어먹었다니! 제가 살아왔던 세상과는 전혀 다른 경험을 처음 한 거였지요.

두 번째 사건은 산수 시험이었습니다. 문제를 푸는데 머릿속이 온통 하얗게 변했습니다. 그래서 나온 점수는 52점······.

참나! 공립 초등학교에서 4년 동안 틀린 개수보다 더 많은 수의 문제를 단 한 번의 시험에서 몽땅 틀려버리고 말았습니다. 충격은 이루 말할 수 없었지요.

이 두 사건은 저를 철저하게 부수었습니다. 이후에도 연일 그 비슷한 일이 반복되었고 하루하루가 고통스러웠지요. 어린 마음에 자격지심, 열등감 같은 감정을 처음 느껴본 것도 바로 그 시기였습니다.

결과적으로 본다면 이때의 경험은 저를 좀 더 나은 방향으로 이끌어준 것 같습니다. 그렇게 악몽과도 같은 초등학교를 졸업하고 중학교에 들어온 다음에는 이를 악물었습니다. 예전의 영광(?)을 되찾고 말겠다고요.

다행히도 제가 배정받은 중학교는 우리 학교 학생들이 아주 적었습니다. 저의 '창피한 과거'를 아는 동기들이 조금밖에 없다는 게 너무나 좋았지요. 하지만 과외는 초등학교 동기들과 함께 했습니다. 그래서 낮의 학교생활은 즐거웠지만, 과외는 참 괴로웠습니다. 함께 과외를 받는 7~8명의 아이들 중 제일 꼴찌였으니까요.

이후 부단한 노력 끝에 꼴찌를 면하게 되자 마음이 한결 편해졌습니다. 아마도 제가 성적으로 누른 친구에 대한 우월감 때문이었을 것입니다. 그러고 나서 깨달은 두 가지 생존 법칙!

1. 가급적 초등학교 동창과는 공부로 엮이지 않는다.
2. 욕심 내지 말고 그 전 시험보다 1점이라도 성적을 올린다.

이 일이 있고 나서 공부에 욕심이 생기기 시작했습니다. 초등학교 때 넘보기 버거웠던 아이들을 공부로나마 꺾어보겠다고요. 시험 때마다 조금씩 성적을 올리자는 아주 소박한 전략도 세웠지요. 다시 말해, 시험 한 번 볼 때마다 평균 1점 이상을 올리는 게 저의 목표였습니다. 그다지 무리한 목표가 아니었으므로 중학교 내내 이 목표를 달성할 수 있었지요.

그리고 마침내 졸업할 때에는 1,000명이 넘는 학생들 중에서 전교 10등 정도까지 치고 올라갔습니다. 비록 잘못된 목적의식을 가지고 얻은 성취감이었지만 그때의 기분만큼은 최고였습니다.

오로지 남을 이기고자 세웠던 목표였으니, 그 동기가 잘못되었다는 걸 알게 된 것은 한참 나중이었습니다. 굳이 그렇게 시험 성적에 자존심을 세울 일도, 친구들과 치열한 경쟁의식을 느껴가며 공부할 일도 아니었지요. 그게 아니었더라도 저는 장래에 꼭 하고 싶었던 일이 있었고, 그 꿈을 이루기 위해서라도 공부를 열심히 해야 했었는데 말입니다. 지금 돌이켜보면 별것 아닌 일일지 모르겠는데, 저로서는 초등학교 시절 마음의 상처가 너무 컸던 것 같습니다.

한편으로, 어릴 적 실패의 경험은 '아무리 승승장구해도 그때뿐'이라는 아주 단순한 사실을 일깨워주었습니다. 또한 '내가 잘난 것 같아도, 세상에는 나보다 뛰어난 사람들이 참 많다'라는 사실도 알게 되었지요. 그리고 또 있습니다! 조금은 못나고 평범한 아이들과 친하게 지내며 마음의 위안을 찾은 데에서 '친구들은 참 소중하다'라는 평범한 진리도 새삼 느낄 수 있었습니다. ♣

Part
3

아이에게 존경받는 아버지가 되려면

아이들에게 제 마음속에 있는 아버지처럼 남고 싶습니다. 그래서 나중에 세상을 떠나갈 때 '존경했다'는 소리를 한 번만이라도 들을 수 있다면 좋겠습니다. 아이들과 늘 친구처럼 지내면서 고민을 덜어주고 기쁨을 함께할 수 있는 아버지, 제가 세상을 떠난 다음에도 아이들 마음속에서 든든한 힘이 되는 아버지로 남고 싶습니다.

아이에게 무엇이 결여되었는지를 보지 말고
무엇이 있는지를 보라. 그러면 아이는 변할 것이다.
· 대럴드 트레피트 ·

아버지부터
먼저 바뀌어야 한다

　고등학교 동창들을 만나면 아버지 위상의 추락과 관련한 우스갯소리를 이따금 듣습니다. 지금의 아버지들이 어렸을 때, 아버지는 집에서 대단한 존재였습니다. 우리나라가 해방 후 민주주의를 채택했지만 80년대 이전 가정에서의 아버지 위상은 조선시대와도 별 차이가 없었을 것입니다. 시골에 가면, 아버지는 뒷짐 지고 앞에서 성큼성큼 걸어가시고 어머니는 괴나리봇짐을 머리에 이고 잰걸음으로 쫓아가면서도 "빨리 쫓아오지 않고 뭐하는 거여!"라고 아버지께 호통 들으시던 시절이었지요.

　유교적 가풍을 지닌 우리나라에서 가족의 안위와 생존권을 책임진 아버지의 말씀은 거역하지 못할 절대적 권한을 가졌지요. 안살림을 관장하는 어머니의 목소리는 그에 비할 바조차 못 되었습니다. 한 말씀 한 말씀이 집안을 이끌어가는 지침이었습니다.

우리 집도 예외는 아니었지요. 아버지가 하라는 대로 어머니는 다 하셨습니다. 불만이 있더라도 감히 앞에서 거역을 못 하셨지요.

제가 중학교에 다닐 무렵에는 조금 나아졌지만, 그래도 장을 보지 않는 한 어머니는 바깥출입을 거의 하지 않으셨습니다. 아버지도 이를 싫어하셨고요. 그 당시 서울에는 일가친척이 별로 없었던 때라 멀리서 친척들이 서울에 오면 우리 집에 머무는 경우가 잦았습니다. 교통이 불편했던 시절이어서 친척이 밤늦게 도착해도 어머니는 어김없이 식사나 밤참은 물론, 잠자리까지 챙기셔야 했습니다. 만약 이 일을 소홀히 할라치면 아버지의 불호령이 떨어졌지요. 요즘 같으면 상상도 못할 일입니다.

그럼에도 아이들은 그런 아빠를 자랑스러워했습니다. 소통이나 대화 같은 것은 별로 중요하지도 않았지요. 삼강오륜에 따라 부모에게 효도하고 순종하는 게 절대적인 가치였으니까요. 부부 사이의 구별이나 친구 사이의 의리도 당연시되었고요. 나라에 대한 충절의 마음가짐도 엄청 강조되었지요. 나라 발전에 도움이 되는 게 이제껏 나라에서 받은 은혜를 조금이라도 갚는 길이라는, 아버지의 가르침이 기억납니다. 물론 우리는 납득했습니다. 아버지 말씀에 의심이나 거역은 꿈도 꾸지 못했지요.

그런데 참 이상합니다. 그처럼 경직되고 보수적인 분위기에서 자랐지만, 우리는 요즘 아이들보다 스트레스가 훨씬 적었던 것 같습니다. 청소년의 각종 사회 문제도 훨씬 적었지요. 부모와 자식 간의 문제도 지금처럼 '막나가는' 일은 거의 없었습니다.

대다수 아이들이 집에서 아버지와 대화하는 시간이 거의 없었지만, 그 때문에 아버지에게 서운해하는 일은 없었습니다. 그리고 보면 저는 참 운이 좋았던 모양입니다. 아버지와 이야기하는 시간이 그래도 많은 편이었습니다. 아버지와 앞마당에서 별을 함께 본 추억도 있고요. 이런저런 이야기를 나누었는데, 아버지가 시조를 읊어주셨지요. 시조 읽는 법도 가르쳐주셨고요. 그때를 떠올려보면 임금님의 '성은'을 받은 것처럼 기분이 뿌듯했던 것 같습니다. 다른 집 아이들에게 듣는 아버지 이야기는 기껏, 아버지께 매를 맞아 종아리가 퉁퉁 부었다는 이야기 정도였습니다.

지금 제가 그 당시 아버지 나이와 비슷해지다 보니 문득문득 그때 그 시절의 아버지가 그리워지곤 합니다. 아마 요즘 아버지는 대부분 그러하겠지요.

20세기 아빠 21세기 아이들

그러고 나서 세상이 바뀌었습니다. 민주화와 경제 발전이 이루어지면서 사회가 엄청 커졌지요. 사람 일손이 부족해져 여성의 사회 진출도 급격하게 늘었고요. 그동안 핍박받고 억눌려왔던 여성의 목소리가 빠르게 커졌습니다. 오히려 지금은 역차별을 걱정할 정도로 여성의 위상이 몰라보게 높아진 것이지요.

그러면서 아이들 문제도 부각되기 시작했습니다. 전업주부의 수가 줄면서 부모와 떨어져 있는 시간이 차츰 길어졌지요. 반면 민주화의 영향으로 개인의 자유가 강조되면서 아이들도 인격을 가진 주체라는 인식이 보편화되었고요. 반면에, 아버지의 절대적 권한은 차츰 줄어들어 요즘의 상황에 이르렀습니다. 이제는 부모에게 순종하는 게 '맹목적 복종'으로 여겨지곤 합니다.

공부에 대한 시각도 많이 변했습니다. 예전에는 공부 잘하는 우등생이 되어 사회에서 성공하는 것이 최고의 인생 목표였는데, 지금은 공부를 지지리 못해도 적성을 살려 행복을 누리는 삶 쪽으로 차츰 무게가 실리기 시작했습니다.

물론 이에 따른 부작용도 심하지요. 한때 '깡패'가 사나이다움의 상징같이 여겨진 적도 있었고, 공부를 아예 포기하거나 집에서 가출하는 게 '멋진 놈' 취급을 받기까지 했습니다. 지금까지 억눌려온 것들이 한꺼번에 터진 가운데 생겨난 문제들이지요.

이처럼 세상이 바뀌면서 아버지의 위상이나 아버지에 대한 생각이 많이 변했지만, 상대적으로 아버지들의 의식은 이런 변화를 따라오지 못했습니다. 여전히 예전처럼 엄격하고, 존경받고, 위엄 있는 아버지의 모습을 내심 바라는 아버지들이 꽤 있습니다.

가족의 분위기는 오래전에 '민주화'되었는데, 아버지만은 '군주제' 시절을 그리워하는 듯합니다.

그러니까 아버지는 더욱 외롭습니다. 지친 몸을 이끌고 집에 돌아와도 맞아주는 사람이 없어요. 아이들은 학원 가고, 아내는 아직 회사에서 안 왔거나 아이들 챙기는 데 바빠서 남편을 신경 쓸 새가 없지요. 게다가 아내의 힘든 모습이 빤히 눈에 들어오니까, '연약한' 아내를 위해 설거지에, 청소에, 하다못해 시장에서 장바구니라도 들고 따라다녀야 합니다.

집안에서 제일 상전은 아버지가 아닌 아이들이 되었습니다. 아이들을 위해, 그리고 아이들을 위하는 엄마를 위해 아버지는 집안의 궂은일을 기꺼이 도맡아야 합니다. 홀로 된 '기러기 아빠'가 갑작스런 심장마비에 쓸쓸히 생을 마감했다는 언론 보도는 이제는 낯선 이야기가 아닙니다. '기러기 집안'에서 '돈 버는 기계' 신세를 견디지 못해 이혼하는 경우도 꽤 있는 모양입니다. 권위의 상징으로서의 아버지는 고사하고, 이제는 연민이 느껴질 지경이지요.

이런 일들은 사회의 패러다임이 변하면서, 그간 아버지에게 일방적으로 집중되었던 가족의 힘이 모두에게 나뉘는 과정에서 생긴 현상입니다. 바꾸어 말하면, 가정이 아버지에게 요구하는 리더십이 좀 더 다양해졌다고도 볼 수 있습니다.

그럼에도 아버지의 역할과 리더십은 정말로 중요합니다. 옛날의 아버지가 가졌던 위상과 위엄은 여러 다른 덕목으로 바뀌었지만, 아버지는 여전히 가정을 지키는 힘입니다. 표면적으로는 엄청나게 변화했어도, 그 저변에 있는 아버지의 참 모습이 바뀐 것은 아니지요. 옷을 바꿔 입었다고 그 사람이 바뀌지는 않습니다. 다만, 요즘 아버지에게는 지금의 세상에 맞게 '치장'이 필요할 것입니다.

이제는 '말씀'이 '권유'로 바뀌어야 하는 시대

세상은 '임금-신하-백성-천민' 혹은 '오너-경영인-관리직-평사원' 같은 수직적 사회에서 직업의 귀천이 엷어지고 이웃이 중시되는 사회로 빠르게 재편되고 있습니다. 가정도 '아빠-엄마-아이'의 수직적 상명하복 분위기에서 수평적으로 바뀌고 있지요.

하지만 집에서 아버지나 엄마의 역할은 사회가 바뀌어도 그대로입니다. 야생에서 뛰놀던 동물이 동물원에 온들, 사는 습성만 변하지 생물학적 특성은 변하지 않는 것과 같은 이치입니다. 바로 이 점을 아버지들은 오해하고 있습니다.

이제껏 해온 습관을 하루아침에 없애는 게 아니라 바꾸어야 합니다. 동물원에서 살다가 야생으로 되돌아온 짐승이 먹이 시간을 기다렸다가는 굶어 죽습니다. 바뀐 세상에 적응해야만 되지요.

그런 의미에서 아버지의 '말씀'은 이제 '권유'로 바뀌어야 합니다. '위엄'은 '대화'로 바뀌어야 하고, '강압'은 '설득'으로, '엄격함'은 '자애로움'으로, '근엄함'은 '표현'으로, '복종'은 '이해'로, 그리고 '존경'은 '좋아함'으로 바뀌어야 합니다. 아버지 스스로가 이런 변화를 인정하고 적극적으로 바꾸고자 노력해야 할 것입니다. 남의 변화만 눈치 보고 있으면 안 되지요. 봉건시대의 '어부지리' 권한을 가졌던 아버지가 이 같은 환골탈태의 변화를 한다면, 가정 내 아버지의 위상은 딱히 옛날과 달라질 게 없습니다.

'좋아해주는 것', 그리고 '존경받는 것'은 내가 하는 게 아니라 주위 사람들이 하는 것입니다. 아버지가 아이들에게 사랑받으려면 아버지 스스로 사랑받을 행동을 먼저 해야 합니다. 집안의 분위기는 저마다 다를 테니 여기에 대한 정답은 아버지와 식구들이 잘 알고 있을 것입니다. 뭐니 뭐니 해도 실천이 중요하겠지요! '귀'를 열고 '입'으로 말씀하시고 '표정'으로 보여주세요.

부모는 아이와 함께
살아가는 존재

발생학적인 관점에서 볼 때 아이들은 스스로 자란다고만 할 수 없습니다. 엄밀히 말하면 뱃속에 있는 10개월간 완전히 엄마에 의지하며 자라다가 세상으로 나온 다음에도 또 10개월 동안 엄마 젖에 의지합니다. 이후부터 끊임없이 '사고'를 치며 홀로 설 준비를 하지만, 그래도 부모 도움은 필요합니다. 세상에 먹이가 널려 있지 않고 살아가는 데 필요한 것들을 공짜로 가질 수는 없으니까요.

그래서 아이는 부모가 키운다고 합니다. 생물학적으로 키를 크게 하고 몸무게를 늘리는 것만이 부모 역할의 전부는 아니라는 뜻이겠지요. 아이에게 세상을 알려주고, 사람들과 더불어 살 수 있도록 도와주며, 본인이 원하는 일이 무엇인지 깨닫게 해주고, 그것을 즐기고 만족하며 살 수 있도록 가르칠 수 있어야 비로소 '아이를 키운다'라고 할 수 있습니다. 엄마 뱃속에 품었던 아이를 사회의 품 안으로 보내는 역할을 부모가 해야 하는 것이지요.

부모님들은 이 점을 아주 잘 알고 계십니다. 그리고 아이들이 사회로 '씩씩하게' 나갈 수 있도록 모든 정성을 다하지요. 아주 간혹 그렇지 않아 보이는 부모도 있지만, 사회적 여건이 허락되지 않는 등의 이유일 뿐 마음만큼은 여느 부모들과 크게 다르지 않을 것입니다. 특히, 대한민국 부모들의 아이들에 대한 헌신적인 노력은 세계적으로도 유명하지요.

아이도 힘들고 부모도 힘든 현실

그런데, 최근에 들어 부모 자식 간의 실상을 들여다보면 문제점이 한두 가지가 아닙니다. 단군 이래 최고로 잘살고 있다고는 하지만, 지금처럼 부모와 아이들의 관계가 긴장된 적도 없었던 것 같습니다. 부모가 자신의 거의 모든 시간을 바쳐가며 헌신적으로 돌보는데도 '비뚤어진 아이들'은 도처에 널렸습니다.

부모들도 힘들고 아이들도 힘들지요. 이러한 현상은 TV 드라마에도 잘 나타납니다. 온통 이상한 가정 이야기뿐입니다. 아이와 부모는 맞서기 일쑤고, 연인과의 사이에도 부모가 끼어 갈등관계를 만들고야 맙니다. 심지어, 부모 때문에 아이들이 반항하고 가출해야 드라마 구성이 되는 것 같습니다.

갑갑한 현실이 아닐 수 없습니다. 부모건 자식이건 최선을 다하는데 상대방은 이를 알아주기는커녕 어떤 때는 부담으로, 또 어떤 때는 갈등 요인으로 작용하지요. 청소년을 대상으로 하는 강연에 나가서, 부모님들과 이야기한 후 곧바로 자녀들과 상담해보면 상당수 집안에서 공통적으로 나타나는 현상입니다.

부모가 자식 중 어느 한쪽을 편애하는 경우에 문제는 더욱 심각해집니다. 콩쥐팥쥐 이야기처럼 드러내놓고 편애하는 일이야 없겠지만, 아빠 혹은 엄마가 어느 한쪽 아이에게 좀 더 기대를 하고 있다면 아이들이 금방 알아버립니다.

이때 부모의 기대를 받지 못하는 아이는 부모의 정성을 아예 무시하든지, 심하면 부모를 증오하기까지 합니다. 부모에게 한없이 미안함을 느껴 완전히 쪼그라드는 경우도 있습니다. 그렇다고 부모의 기대를 한 몸에 받는 아이라고 해서 모두 다 행복하지만은 않습니다. 부모 기대에 부응해 겉으로는 아무런 문제가 없는 듯이 보이나, 부모가 원하는 '정상'의 자리에 가까워질수록 아이가 받는 스트레스는 늘어나지요. 말하자면 '톱top의 스트레스'입니다.

더욱 큰 문제는, 이런 상황을 타개할 방법이 마땅치 않다는 사실입니다. 무엇보다, 아이들도 부모도 시간이 너무 없습니다. 일상에 지친 아이들과 부모가 만나 무슨 말을 하겠어요? 서로 피곤하니까 그냥 안 부딪치는 게 상책입니다. 이런저런 고민을 함께 나눌 이웃도 마땅치 않습니다. 서로 경쟁하기도 하고 못 믿기도 하고……, 여하튼 복잡합니다. 훌륭한 자식의 판단 기준이 너무 '세속적'이라서 그런 이야기를 꺼내기도 참 뭐합니다.

40명이 한 학급을 구성하고 있는 학교에서 공부 잘하는 아이는 기껏해야 4~5명! 나머지 아이들의 부모는 무엇으로 아이 자랑을 할 수 있을까요? 그리고 어떻게 해야 이웃들이 감탄해줄까요? 부모 입장에서는 할 말도 없고 참 갑갑합니다. 속이 문드러지기는 아이들도 마찬가지입니다. 무언가를 내보이지 못해 늘 우울하지요.

권위를 버리고 존중과 신뢰의 마음 쌓기

아이를 키운다는 것은 내 아이에게 맞는 옷을 입히는 것과 같습니다. 얼굴이 다르고, 키도 다르고, 몸무게도 다른 아이에게 딱 맞는 옷을 입혀 창피하지 않게끔 밖으로 내보내는 것이지요. 이때 '아무 옷'이나 몸에 맞을 리 없습니다. 아이의 생긴 모습과 체형의 특징은 물론, 생각, 취미, 습관까지도 잘 알고 있어야 아이들이 좋아하고 몸에도 딱 맞는 옷을 만들어 입힐 수 있지요.

좋은 옷을 입히는 데 아빠 엄마의 생각은 당연히 중요합니다.

그런데, 아이들의 생각이 그보다 훨씬 중요할 것입니다. 옷을 입는 사람은 아이들이니 다른 누구보다 아이의 마음에 들어야 하니까요. 하지만 유감스럽게도, 아이들의 마음에 드는 옷을 만들어 입히기보다는 무작정 값비싸고 좋은 옷을 입히려는 아빠 엄마의 생각만이 횡행하고 있습니다.

흔히들 교육과 경험의 소중함을 이야기하지요. 이것은 곧, 기본을 확실히 해야 한다는 말이기도 합니다. 하지만 아무리 경험과 교육이 중요하고 또 그로부터 아이들의 기본이 만들어지더라도, 부모가 겪어 보지 못한 요즘 세상에서는 그 옛날의 경험과 교육이 별 도움이 못 될 때가 많습니다.

예전의 경험과 지혜들이 창고에서 녹슬고 있는 고가의 골동품 자동차 처지인 거지요. '전시용' 이외에는 아무 짝에도 쓸모가 없습니다. 심지어는 부모의 경험과 교육이 아이에게 도움이 되기는커녕 바뀐 세상에 적응 못 하게 하는 '장애물'이 될 때도 있습니다.

그런 반면에, 예전의 경험과 지혜가 큰 힘을 발휘하는 경우도 있습니다. 바로 아이들의 생각, 아이들의 의견을 받아들일 때입니다. 쉽게 말해, 아이들의 생각을 부모님이 가지고 있던 지혜로 녹여내는 거지요. 분명 아이는 부모가 키우지만, 아이가 자라 어느 순간에 다다르면 그때부터는 아이와 더불어 살아야 된다는 사실을 부모님들이 아셔야 할 것 같습니다. 그 순간 골동품이 될지도 모를 부모님의 지식은 세상을 빛낼 지혜로 변화할 수도 있겠지요? 아이는 부모와 함께 살아가는 존재입니다. 이를 위해서는 케케묵은 권위 대신 상호 존중과 신뢰의 덕목을 쌓아야 할 것이고요.

아이를 존중해주는 시기는 언제부터가 적당할까요?

사회가 급격하게 변하면서 그 시기는 점점 빨라지고 있습니다. 옛날에는 아이가 대학생이 되어야 비로소 대화 상대로 인정해주었지요. 그런데, 지금은 그 시기가 거의 초등학교 때로 당겨진 것 같습니다. 의학적으로도, 사춘기가 초등학교 때부터 시작된다는 사실은 우리에게 시사하는 바가 많습니다. 세상이 변하는 속도가 점점 빨라지고 있으니 어쩌면 앞으로는, 아이가 말을 하기 시작하면 그때부터 그냥 친구처럼 여기며 살아야 할지도 모르겠습니다.

요즘 부모님들은 참 힘이 듭니다. 아이들 가르치기도 버거운데 왜!, 이해시키면서까지 길러야 하는지 도통 모를 일입니다. 그런데 아이들도 똑같은 생각을 하고 있다는 걸 생각해보셨나요? 문에서 한 발자국만 나가도 전혀 다른 세상인데, 부모님은 여전히 '전기 아깝다며 빨리 자라고 하던' 30~40년 전 이야기만 하십니다. 부모님과 대화를 하고 싶어도 어디 말이 통해야 말이지요.

그럼에도 불구하고 서로 다가갈 수 있어야 합니다. 부모님이 더욱 적극적으로 나서야 하는 것은 말할 나위도 없습니다. 내 분신인 나의 자식이니까요. 서로 마음을 열고 대화하자고 하면 '아이가 기어오를까' 걱정이 되기도 하겠지요. 무엇보다, 부모들이 그렇게 자라지 않았기 때문에 그런 일들에 아주 서툽니다.

하지만, 아이들과의 소통의 일상은 숙제나 부담의 문제가 아닌 우리가 익숙하지 않은 일일 뿐입니다. 아빠 엄마가 어렸을 적 부모님과 그렇게 하지 못했기에 더더욱 우리 아이들에게 친숙하게 다가가야겠다고 생각하셔도 좋겠지요. 한편으로는 아이들의 미래를 준비하기 위한 필수조건이기도 하지요.

어차피 해야 할 일이라면 작정하고 즐기는 것도 하나의 방법입니다. 예전의 경험에 얽매일 게 아니라 아이들과 함께 흥미진진한 미래 세상을 열어가는 건 어떨까요? 어릴 적 마음으로 되돌아가는 기분으로 아이들을 맞아주시기를 바랍니다. 아이들의 세상을 함께 보고, 느끼고, 싸우고 해야 아이들을 받아들일 수 있고, 또 아이들도 그런 부모를 이해하게 될 것입니다.

지나친 애정이
아이를 망친다

우리 집은 천성적으로 동물을 좋아합니다. 아내와 두 아이 모두 강아지 마니아이고, 수의사인 저 역시 체면상으로라도 동물을 좋아합니다. 그러다 보니 상대적으로 집 안에는 식물이 없고, 끽해야 조화 몇 그루가 있을 뿐입니다.

그런 어느 날 제가 독하게 마음먹었습니다. 건강에도 좋고, 집안 분위기에도 그만인 식물을 기르기로 한 거지요. 그길로 저는 꽃시장에 가서 꽃과 관상용 나무를 잔뜩 사가지고 왔습니다. 덤으로 선인장 화분 몇 개도 얻어왔고요. 화사하게 변한 집안 분위기에 행복해하면서 그날부터 꽃집 주인이 알려준 대로 열심히 물을 주고, 거름도 주고, 영양제까지 꼬박 챙겨주었습니다.

그런데! 애지중지하며 정성을 쏟은 나무들이 한두 달이 지나면서 시들시들해지더니 몽땅 죽어버렸습니다. 그토록 애써 길러주었건만……. 약이 바짝 오른 저는 시장에 가서 '건강해 보이는' 놈들로 나무들을 다시 샀습니다. 그런 다음 또 열심히 길렀지요. 그렇게 해서 한두 달이 되자, 또 시들거리기 시작하더니 약속이나 한 듯이 다 죽어버렸습니다. 그 후 '식물은 나와는 인연이 아닌가 보다'라고 생각하며 나무 기르기를 포기했지요.

그러고 한참이 지났습니다. 우연히 원예학을 전공하는 선생님과 함께 어디를 가던 길에 물어보았지요.

"나는 나무만 키우면 몽땅 죽어. 왜 그런지 모르겠네.ㅜㅜ"

"어떻게 키웠는데요?"

"양지바른 곳에 두고 물 주라는 대로 열심히 주면서 키웠지. 나무에 좋다는 영양제도 가끔 주고."

그러자 그 선생님은 빙긋 웃으며 대답합니다.

"아마도 어떤 나무들은 뿌리가 썩었을 것이고, 또 어떤 나무는 햇볕이 너무 세서 화상을 입어 죽었을 거예요."

이 말을 듣고 곰곰이 생각해보니 과연 일리가 있어 보였습니다. 저는 나무에 물을 주되 화분받침에 물이 고일 정도로 언제나 흠뻑 주었고, 항상 양지바른 곳에 나무들을 놓아두었지요. 환기가 안 되고 무척이나 뜨거웠을 터였습니다.

어떤 나무는 음지를 좋아하고, 또 어떤 나무는 물을 싫어한다는 사실을 잘 몰랐던 것이지요. 나무도 숨을 쉬어야 한다는 사실 또한 생각지도 못했고요. 나무라면 무조건 물과 햇볕만 충분하면 잘 자랄 것이라고 생각했었습니다.

지나침은 모자람만 못하다

지나친 애정은 많은 문제를 일으킵니다. 나무 기르기도 그렇거니와 아이 키우기도 다를 바 하나 없지요. 부모님은 자녀들에게 정말 많은 기대를 걸고 있습니다. 어려서 내가 받지 못했던 일을 해주고, 그래서 나보다 더 잘되기를 바랍니다. 그런 생각으로 아이들이 자라는 모습에서 희망을 가지곤 합니다. 부모들 간의 대화는 물론 동창이나 친구들 모임에서도 항상 '아이 이야기' 비중이 높습니다. 그만큼 많은 애정과 정성을 쏟아가며 아이를 기르지요.

그런데, 부모의 듬뿍한 애정이 아이 입장에서는 '독'이 될 수도 있습니다. 아이들은 그 많은 관심과 사랑에 중독되어 시름시름 앓다가 소중한 삶이 뒤틀리든지, 평생 잊히지 않는 트라우마 속에서 살게 됩니다. 주인을 잘못 만난 '나무들의 운명' 같은 일이 발생하는 것이지요……. 지나친 관심과 애정은 상대에게 정작 소중한 것들을 송두리째 앗아가곤 합니다. 아이와의 관계는 물론 연인 관계도, 친구 관계도 다 비슷하지요.

그러고 보면 동양 철학에서 말하는 중용의 덕이 세상을 살아가는 데 좋은 지침이 될 것 같습니다. 너무 무관심했을 때 일어나는 문제 못지않게 지나친 사랑 또한 내가 가장 아끼는 자녀와 이웃을 고통스럽게 할 수 있습니다.

유학생 시절에 느꼈던 것인데, 공항에 마중 나온 사람과는 결국 사이가 틀어지는 일들이 자주 있었습니다. 새로 온 유학생을 끔찍이 여겨 이런저런 훈수를 두었을 뿐인데, 받아들이는 입장에서는 그런 친절을 일종의 '내정간섭'으로 느낀 때문이지요.

지나친 사랑은 집착으로 이어진다는 말들을 합니다만, 부모와 아이들 간 문제에서는 보다 심각해질 수도 있습니다. 일단 마음을 차분히 가라앉혀야 할 것입니다. '자식을 이기는 부모 없다'라는 옛 속담은, 아마도 부모가 가져야 할 아량을 이야기하는 게 아닐까요?

소중하고 사랑스러운 아이들을 '만지면 터질까 불면 날아갈까' 걱정하며 뭐든지 다 해주려는 부모 마음을 모르지는 않습니다. 하지만, 정작 부모의 관심과 애정을 소화시키지 못하는 녀석들은 점점 '시들어' 버릴지도 모른다는 게 문제이지요.

덤으로 받아 물도 제대로 주지 않고 내팽개쳤던 선인장은 오히려 잘 자라서 어느덧 우리 집을 지키는 유일한 식물이 되었습니다. 분갈이도 몇 번이나 했습니다. 옛말에 지나침은 모자람만 못하다고 했습니다. 모자람이 있다면 아이들 스스로 채우도록 하는 게 좋겠지요. 부모에게는, 그렇게 해줄 수 있는 아량과 참을성이 필요할 것이고요.

부부는 살을 섞고 마음을 섞어야 하는 사이

남남으로 살아가던 두 남녀가 서로 눈이 맞아 결혼합니다. 그리고 함께 살림을 차리지요. 그런데, 요즘은 직장 등의 문제로 떨어져 사는 경우가 엄청 많습니다. 결코 바람직한 현상이라고 할 수 없지요. 결혼이란 원래 '맺어지는' 것이므로 신혼일수록 같이 살아야 하고, 아이를 가지기 전에도 같이 살아야 합니다. 그렇게 함께 살면서 서로의 벽을 허물기 위해 열심히 '싸워야' 합니다.

사람은 어느 누구건 부모님께 사랑을 받고 자랍니다. 부유한 집이건 가난한 집이건, 맞벌이 집이건 외벌이 집이건 자식은 세상 모든 부모의 '보물'입니다. 한편 아이들은 부모의 거울이라고도 말합니다. 유년기 때 부모의 영향을 받으면서 성격의 기초가 형성되기 때문이지요. 유전학적으로도 아빠와 엄마의 특성을 절반씩 물려받기 때문에, 아이는 부모의 특성으로부터 벗어나기 어렵습니다. 사춘기를 지나 나이가 들어서도 그 기질만큼은 상당히 그대로 유지됩니다.

이렇게 해서 보물 취급을 받으며 성인이 된 아이들은 똑같은 과정을 거친 배우자를 만나게 되지요. 새로운 하나의 공동체를 만드는 약속인 결혼을 하고, 그와 동시에 두 사람 삶의 모든 것이 '융합'하는 과정을 거치게 됩니다. 이때 육체적인 융합은 말할 것도 없이 정신적인 융합도 꼭 필요하지요.

그런데 이것이 여간 어려운 일이 아닙니다.

어제까지 익숙했던 '나'를 버리고 상대방이 바라는 대로 맞추어 살아야 하기 때문이지요. 결국 타협과 의논을 통해 절충해야 하지만, 그런 일들이 좀 많을까요? 아침에 일어나서 화장실에 가고, 샤워하고, 직장에 가고, 다시 집에 와서 식사하고, 쉬면서 자기 전까지 일어나는 수많은 일상을 다시 '리셋'해야 합니다. 상대방을 아무리 존중한다 해도 결코 쉽지 않은 일이지요. 하지만 이 과정을 거쳐야 내 가정만의 소리를 낼 수 있습니다.

게다가 이런 융합은 반드시 아이가 생기기 전에 끝내야 합니다. 부부간의 정서적 합체가 완성되기 전에 아이가 태어나면 어느새 부부의 '융합'은 뒷전으로 밀리고 당연히 아이에게 부부의 관심사가 집중되겠지요. 그러다가 아이가 자라서 독립하게 되면 그때까지 부부를 이어준 '연결고리'가 끊어져 버립니다. 이때부터 부부는 또다시 각자의 삶을 살기 시작하지요. 서로의 삶을 융합시키기에는 너무나 늦었고, 또 너무 많은 자신들만의 습관이 들어버렸기 때문입니다.

결혼은 아이를 낳아 기르는 것이 유일한 목적이 아니기에, 정신적 융합을 이루지 못한 부부는 결혼이 주는 기쁨의 절반 이상을 느끼지 못할 것입니다. 세월이 흘러도 결혼이 왜 중요하고 좋은 것인지 제대로 이해 못 하고, 각자의 울타리 안에 숨어서 서로를 믿지도 못하지요. 결국 남남인 것입니다.

아내와 아이를 믿으며 살아가기

그런 이유로, 아이를 가지기 전에 부부는 싸움을 하건 타협을 하건 정신적으로 융합해야 합니다. 그 방법? 말로야 아주 간단합니다. 자기를 낮추고, 꾹꾹 참고, 상대방을 그냥 받아들이면 됩니다. 그런데 이게 정말 어려운 과정이지요. 괜히 잘못 받아들였다가 마음에 독이 될 수도 있으니까요…….

한 가지 요령은 있습니다. 자신이 더 이상 양보할 수 없는 최소한의 '마지노선'을 정하고 나머지는 상대방 뜻을 따르기로 굳게 마음먹는 것이지요. 실은 이것조차 쉽지 않습니다.

결국 부부의 융합은 '아무리 차이가 나더라도 상대방의 것도 내게 좋을 수 있다'라는 믿음이 마음속에 깔려 있어야 합니다. 상대방을 이해하려는 마음의 준비를 갖추는 거지요. 솔직히 말해, 상대방에 대한 불신이 있다면 결혼은 하지 않는 게 좋습니다.

부부간의 정신적인 융합을 성공적으로 마무리했다면, 다음 과제는 자녀들과 정신적으로 융합하는 것입니다. 방법은 부부가 하나 되는 것과 마찬가지입니다. 내가 지킬 최소한의 것을 남기고 아이들의 모든 것을 받아들이면 되는 거지요.

그런데, 이것은 부부가 융합할 때보다 훨씬 어렵습니다. 왜냐? 일단 아이가 '만만하고 미숙하기' 때문입니다.

'내가 낳고 내가 키운 자식이니까, 요놈들의 마음은 내가 다 알고

있지.'

 이런 식으로 부모님들은 오만에 차 있습니다. 아이의 의견을 듣고 옳다 싶으면 그냥 따르면 되는데, 꼭 토를 달곤 합니다. 물론 아이에게 부모의 지혜가 더 필요한 것 또한 사실입니다. 일상에서는 이런 일들이 복잡하게 얽혀 있기 때문에 각각의 상황에 맞게 취사선택하기가 더더욱 어려워집니다.

 여하튼 부모님들은 고민을 거듭하다가 아이들과 마음을 섞기 위해 결국 둘 중 하나를 택할 것입니다.

 먼저, '시간의 마술'에 의지하는 방법입니다. 아이들 스스로 경험하게 하고 시행착오를 통해 본인이 가야 할 길을 직접 '튜닝'하도록 유도하지요. 아이가 변할 필요가 있을 때도 조급해하지 않고 시간을 두고 서서히 적응하려 합니다.

 두 번째 방법은, 그냥 부모 뜻대로 살기를 강요하는 것입니다.

 어느 길을 택할지는 각 가정의 상황이나 분위기에 따라 달라지겠지요. 이런 양 극단의 방법을 택하지 않고 그 중간으로 갈 수도 있습니다. 어떤 방법을 택하건 부부간의 융합처럼 아이에 대한 믿음은 반드시 필요합니다.

 그 믿음이란 것은 내 어릴 때 부모의 가르침에 대한 믿음, 지금 이 순간 아이와 함께 살아가면서 느끼는 믿음, 그리고 앞으로 아이의 삶이 잘될 것이라는 믿음이겠지요. 이 같은 '과거-현재-미래'에 대한 믿음은 세상과 삶을 긍정적으로 보는 데에서 비롯될 것입니다. 아버지다움 그리고 어머니다움의 출발점은 부모님 스스로 살아온 삶을 '좋게 보려는 마음'에 있는 거지요!

　부부가 서로에게 믿음을 가지고, 아이를 믿을 수 있는 존재로 인정해가는 과정이 바로 인생의 신비가 아닐까요? 사회에서 만난 아무개에게 그 같은 믿음을 주는 일은 절대로 불가능할 것입니다. 오로지 부모 자식 간이라서 가능한 '믿음'이지요.

가끔은
일탈을 허락해주자

먼저, 어머니들을 위해 한 말씀 올리고 싶습니다.

"그냥 어머님이 바라시는 대로 아이를 키우세요."

중고등학교 때는 '적성이 중요하느니 내신이 중요하느니' 따위의 다른 사람들 말에 신경 쓰지 말고 어머니의 평소 소신대로 아이를 키우셔도 됩니다. 다른 아이들과 마음껏 비교하면서, 예체능 교육을 시키고 싶다면 그것도 괜찮습니다. 옆집 누구네 엄마가 하는 그대로 따라 한들 크게 허물이 되지도 않습니다.

성적이 떨어지면 떨어졌다고 야단도 치시고, 시험 잘 봤으면 후하게 상도 주세요. '너희들 인생 성공하려면 좋은 대학 들어가야 된다'라는 말을 마음속에만 담아둘 필요도 없습니다. 어머니 자신이 원하는 대로 아이들을 가꾸면서 사셔야 합니다. 아이들에게 정말 소중한 엄마는 자신의 삶에 만족해하면서 웃는 엄마이기 때문이지요.

아버지들께도 한 말씀 올리고 싶습니다.

회사 일에 바쁘고 세상일에 치이며 살아가는 걸 애써 숨기지 않으시길 바랍니다. 아내와 아이들에게 "내가 이리 힘들게 산다."라고 털어놓으세요. 아이들이 공부하다가 몰라서 물어보면 절대로 친절하게 가르쳐주지 마세요. 그냥 "네가 알아서 해."라며 귀찮은 표정을 지으시기 바랍니다. "엄마한테 가서 물어봐라."라고 하는 방법도 있겠지요. 무관심이라고 해도 좋을 정도로 아이들을 그냥 놔두셔도 괜찮습니다. 아이들 때문에 너무 스트레스를 받아 '자식이 아닌 웬수' 사이로 지내기보다는 그게 훨씬 낫습니다.

그러다가 시간이 좀 나면 아이들과 게임을 하든, 운동을 하든, 재미난 대화를 하든 함께 놀아주세요. 세상 돌아가는 이야기도 좋고 엄마 흉을 못 볼 것도 없습니다. 여하튼 마음 편하게 사시는 게 중요합니다. 그리고 엄마가 아이들을 야단칠 때는 혼내는 엄마 옆에 계시지 말고 자리를 피해주는 게 좋겠지요. 아이들에게 정말 소중한 아빠는 엄마와 다른 모습을 보이는 아빠이기 때문입니다.

이런 어머니, 이런 아버지 밑에서 자라는 자식이라면 부모님을 믿기 바랍니다. 지금의 나를 있게 해준 고마운 분들이니까요.

하지만, 아빠 엄마가 뭐라 하시든지 간에 내 생각과 다르면 절대 순종하지 마세요. '내 생각은 다르다'라고 이야기해야 합니다. '남들과 다른 나'를 아빠 엄마가 이해할 수 있어야 그나마 생활의 빈틈과 쉴 공간이 생기겠죠?

사람의 삶에는 정답이란 게 없습니다. 진리와 정답은 다른 문제이지요. 그래서 '이러이러해야 한다'는 식의 가르침에는 특히 주의해야 합니다. 그때그때 상황이 다르고 사람도 다르기 때문에 '정답'대로 따라해 본들 똑같은 결과로 이어질 리는 만무합니다.

세상의 가르침을 좇기보다는 나의 마음을 따르는 편이 훨씬 나은 경우가 많습니다. 내 느낌, 내 마음을 소중히 여기는 자세이지요. 가끔은 일탈도 꿈꾸면서요…….

일탈에서 경험과 지혜가 나온다

사람은 누구나 휴가를 가고 싶어 합니다. 반복되는 일상에서 벗어나 내 마음대로 시간을 쓸 수 있기 때문이지요. 휴가 기간 동안 사람들은 여행을 가거나, 혹은 아무런 일도 하지 않고 마음 편하게 쉬기도 합니다. 일에 지친 심신을 추스르거나 가족과 오붓한 시간을 즐길 수도 있습니다.

어떤 의미에서 휴가는 일탈의 시간입니다. 평소에는 생각지 못할 일들을 계획하며 재충전의 기회로 삼거나 변화를 모색하지요. 그래서일까 회사에서는 휴가 때 보너스를 챙겨주고 휴가 중에도 급여를 계속 주나 봅니다.

그런데, 휴가를 망쳤다는 사람들이 꽤 있습니다. 휴가 기간에 몸과 마음이 정리되기는커녕 더욱 꼬이거나 새롭게 처리해야 할 일들이 밀려드는 것이지요. 친구나 연인끼리 대판 싸우기도 하는 등 편안하게 쉬어야 할 시간에 하찮은 일로 한바탕 전쟁을 치르는 경우가 부지기수입니다. 이때는 휴가를 다녀와도 참담한 심정이 쉬이 가시지 않지요. 반대로, 너무 잘 쉬어서 업무에 복귀하기가 힘들어지는 휴가 후유증 때문에 한동안 애를 먹기도 합니다.

일탈은 본래의 길에서 잠시 벗어나는 것을 의미합니다. 좋은 쪽으로 벗어날 수도, 나쁜 쪽으로 벗어날 수도 있습니다. 여하튼 지금껏 익숙해 있던 것들에서 잠시나마 떨어져 새로운 시도를 해볼 기회를 갖는다는 것 자체가 신선하지요.

새로운 시도이니만큼 서투르게 처리하다 보면 실수를 하는 것도 당연할 텐데, 즐거웠건 슬펐건 아니면 힘들었건 이 같은 새로운 시도는 마음의 보석으로 남게 됩니다. 일탈이란 생소한 사건이 경험, 즉 삶의 소중한 지혜가 되는 순간이지요.

경험은 우리에게 엄청난 지혜를 선물합니다.

책 또한 지혜의 매개체이지만, 가상의 공간에 머무를 수밖에 없는 치명적 단점을 가지고 있습니다. 반면에 경험은 상상 속의 것들을 꺼내 직접 몸으로 느끼고, 맛보고, 호흡할 수 있게 해주지요. 그 경험을 통해 우리는 동경하던 것에 대해 주관적 결론에 도달하게 되며, 그 과정에서 소중한 지혜를 얻게 됩니다.

　그렇기 때문에 일탈의 시간들이 어떤 기억으로 남아 있건, 우리는 '휴가를 가졌다'는 그 자체에 의미를 두어야 할 것 같습니다. 말하자면 '일탈=경험=지혜'의 등식이 성립하는 거지요. 휴가를 바라고 일탈에 대한 향수를 가지는 것은 곧 지혜에 대한 열망, 변화에 대한 바람일 것입니다. 인간은 사회적 동물이란 사실을 여실히 입증하는 삶의 '이벤트'이기도 하고요. 그런데, 인간이기에 가지는 이런 당연한 욕구를 우리 가정 내에서는 스스로 틀어막지 못해 안달입니다.

　어른들은 말하지요. 집안의 예절과 전통, 품격 따위를 지켜야 한다고요. 그 같은 '가문의 영광'은 물론 중요합니다. 이런 것들이 흔들린다며 사람들은 변화를 거부하는 구실로 삼기도 합니다. 그러다가, 자신에게 손해가 될라치면 갑자기 무언가를 변화시키려 하지요. 그건 전통이 아니라 '구태'라고 하면서요. 모든 걸 스스럼없이 맡기되, 지킬 것만을 지키면 될 텐데 말입니다.

　내 스스로 지킬 것들을 굳이 규정하고 나열할 필요조차도 없습니다. 사람이 꼭 지켜야 할 것들은 대개 마음속의 선함에서 우러나오기 때문이지요. 자유롭게 변화를 인정하고, 마음속에서 우러나는 도덕률을 그냥 지키며 살기가 그리 어려울까요?

　적어도 집에서는 그러고 싶습니다. 그리고 간간이 휴가를 통해 일탈의 소중함을 느끼며 살아가고 싶습니다. 아이들 또한 그 같은 일탈의 경험을 통해 자신에게 맞는 길을 찾아낼 것입니다.

이처럼 삶에 여유를 가지고, 때로는 실패도 하면서, 또 때로는 내가 원하는 걸 이룬 데 대한 짜릿함도 느끼면서 살아가고 싶습니다. 아이들에게도 그렇게 살도록 해주고 싶습니다.

부족한 아버지의 여섯 가지 변명

저는 아버지로서 부족한 점이 많습니다.

사실, 요즘처럼 옛날과 미래의 분위기가 섞여 있는 가정에서는 아버지 노릇하기가 참 힘이 듭니다. 아버지와 엄마의 역할이 뒤죽박죽이기 때문이지요. 이렇게 되다 보니, 옛날의 아버지로서 지켜야 할 덕목과 미래의 아버지로서 지켜야 할 덕목, 이 모두를 감당해야 하는 '과부하'에 걸리는 것 같습니다. 그런데도 아이들은 아이들 나름대로 아버지에 대한 불만이 적지 않지요.

물론 방법을 모르는 것은 아닙니다. '좋은 아버지가 되려면 이렇게 하라!'는 이야기를 여기저기서 듣습니다. 하지만, 소위 '좋은 아버지 십계명'이니 하는 것들을 제대로 지키지 못하는 데는 다 이유가 있습니다. 아버지도 할 말이 있습니다!

첫째, 아이에게 한 약속은 꼭 지켜라.

일단, 아버지들은 참 바쁩니다. 어떤 때는 토요일도 일요일도 없지요. 저만 하더라도 아침부터 오후까지, 학교 일이 끝나도 해야 할 일이 쌓여 있습니다. 저녁에는 약속도 자주 있습니다. 낮 시간에는 바빠서 사람 만나기도 어렵기 때문에 저녁시간을 활용하는 거지요. 어떨 때는 하룻저녁에 두 번에 걸쳐서 만날 때도 있습니다.

게다가, 우리나라 사람들의 정서상 속 깊은 이야기를 할 때는 으레 술자리가 벌어집니다. 술이 마음을 터놓는 도구가 되는 거지요. 하지만 실수하면 안 되기 때문에 정신 바짝 차리고 마셔야 합니다. 정말 힘듭니다. 그나마 편한 술자리는 으레 과음으로 이어지기 마련입니다. 그러다 보니 귀가시간이 '12시 땡'입니다. 아내와 아이들이 반갑게 맞아주지만 몸은 이미 지칠 대로 지쳐 있습니다. 할 수 없이 약속을 미룹니다.

"내일 대공원 가기로 한 약속 미루면 안 될까? 아빠 너무 힘들어서……."

아이는 입이 삐쭉 나오지만, 안사람이 재빨리 편들어주지요.

그런데 이런 일도 한두 번입니다. 갑자기 회의가 잡혀 식구들과의 저녁 약속을 못 지킬 때도 있는데, 그럴 때는 식구 중 내 편을 들어주는 사람은 아무도 없습니다. 약속을 지키고 싶어도 지킬 능력이 없습니다…….

둘째, 집안일을 아이와 함께하거나 자주 대화하라.

옛날 아버지의 존재는 지금과 달랐습니다. 집안 식구를 먹여 살리는 쪽이 아버지였고 어머니는 안살림을 챙겼지요.

식구들은 바깥에서 열심히 '돈벌이 투쟁'을 하고 돌아온 아버지를 '개선장군'처럼 열렬히 환영해주었습니다. 집안일은 당연히 면제였고, 집에 돌아오면 허리를 주물러주고 다리를 주물러주는 식의 서비스를 받는 기분이 꽤 쏠쏠했지요.

그랬던 세상이! 이제 바뀌었습니다. 여성의 권리신장이 이루어지면서 부부가 가사를 함께 챙기는 게 당연한 것처럼 되어버렸습니다.

다행히도 우리 집은 아직 그렇지 않습니다. '전업주부'를 선포한 아내 덕에 저 혼자 바깥일을 책임지고 있지요. 하지만, 가정 문화만큼은 '선진화'된 지 오래입니다. 아버지에 대한 서비스가 줄었고, 지친 기색이 역력해도 가사를 도와주지 않으면 이내 시선이 차가워집니다. 몇 번인가 불만을 이야기해보았지만 아무 소용이 없었습니다. 정 피곤할 때는 그냥 입 닫고 식구들이 뭐라 하건 말건 방에 들어가서 혼자 피곤함을 풀고 말지요.

몸도 피곤, 마음도 피곤하니 집안일을 돕지 못하는 것입니다.

솔직히 어떨 때는 도와주기도 싫습니다! 아버지 대우를 해주지 않는 식구들이 야속할 때도 있지요. 그러다 보니 아이들과의 대화도 차츰 줄어들고요. 집에서 인정받지 못하는 아버지는 외롭다는 걸 왜 몰라줄까요?

셋째, 아이 앞에서는 부부 싸움을 하지 않는다.

당연히 부모는 아이들 앞에서 다정해야 합니다. 가화만사성입니다. 하지만, 부부 사이란 것이 항상 잔잔한 바다 같지는 않습니다. 때로는 파도가 치기도 하고 폭풍이 오기도 하는데, 가족이라는 바다 위에 동동 떠있는 아이들은 영향을 받을 수밖에 없지요. 설사 아이들 눈앞에서 아빠와 엄마가 전쟁을 하지는 않았더라도, 부모끼리 '한판' 치른 집에 돌아온 아이들은 썰렁한 느낌을 금방 알아차리고 말지요. 요즘 아이들 참 눈치가 빠릅니다.

부부 싸움이 서로가 예의를 지키며 논쟁하는 수준에 머무른다면 그런 모습을 아이들에게 보여주는 것은 그리 나쁘지 않다고 생각합니다. 그 범위를 넘어서기 때문에 문제가 되는 것이지요. 부부 싸움으로 서로의 감정이 상한 상태에서 아이들 앞에서 다정한 척하는 것은 오히려 가식적일 것입니다. 싸워야 할 일은 싸워서 푸는 게 정신건강에도 이롭습니다. 가정은 사회의 축소판일 테니 적당한 부부간 논쟁은 아이들이 볼 필요도 있을 것이고요.

넷째, 아이를 남의 집 아이와 비교하지 않는다.

누가 뭐래도 우리 아이는 세상에서 가장 소중합니다. 어렸을 때에도 최고였고, 지금도 최고이고, 앞으로도 최고일 것입니다. 얼마나 소중하게 키운 아이인데요. 믿습니다! '우리 아이에게는 남들과는 다른 무언가가 있다!'라고요.

물론 이것이 학교 성적의 강요로 이어지지는 않습니다. 다른 집 아이에게 지는 것을 원하는 부모는 아무도 없을 테지만, 그래도 우리 부부는 아이가 선택하지 않는 한 공부에 목을 매지는 않습니다. 아이에게 존경받는 부모가 되고 싶고, 또 공부가 세상에서 제일 중요하다고 생각하지도 않기 때문이지요. 그나마 바람이 있다면, 성적이 좋지 않더라도 아이들이 자신의 적성을 살리고 또 성실하게 생활해주었으면 하는 정도입니다. 꿈이 있고 그 과정에 최선을 다한다면 결과가 다소 미흡하더라도 납득할 수 있으니까요.

그런데, 아이가 자꾸 나태해지고 게을러지는 것 같아 불안할 때가 있습니다. 마침내는 걱정스런 마음에 이웃집 아이 이야기를 무심코 꺼내게 되지요.

"성적을 올리라는 말은 아냐. 그런데, 최선을 다하는 모습은 보여야 하지 않을까?"

아이는 듣는 둥 마는 둥 합니다. 그리고 이런 상황이 계속 이어지자 결국 홧김에 하지 말아야 할 말이 나오고야 맙니다.

"옆집 딸내미는 어제도 새벽 2시까지 공부했다더라. 그 집 엄마가 그러는데, 애가 공부를 너무 해서 몸이 상할까봐 걱정이라더라!"

얼떨결에 여기까지 말하고 '아차' 했지요. 그나마 '그런데 넌 뭐니?'란 말이 입 밖에 나오지 않아 다행입니다. 그래도 결과는 매한가지이지요. 아이가 발끈하더라고요.

다른 아이와 비교하는 게 좋지 않지만, 지극히 '우발적으로' 일어난 일이었습니다. 사랑하는 아이가 더 잘되기를 바라는 게 부모의 마음이라면 가끔은 어쩔 수 없지 않을까요?

다섯째, 부모가 동시에 아이를 나무라지 않는다.

아이들에게 어쩔 수 없이 잔소리를 하는 일이 왕왕 있습니다. 스스로는 '이게 다 아이를 아끼기 때문에 그런 거지'라고 자위하지요. 그런 마음에 사소한 일까지 서슴지 않고 간섭합니다. 아주 작은 일에서부터 버릇을 고쳐야 아이가 올바르게 클 것 같아서입니다.

물론 아내가 이런 마음으로 아이에게 잔소리를 할 때 저는 '토'를 달지 않습니다. 그냥 곁에서 엄마가 꾸짖는 것을 물끄러미 바라만 보지요. 그런데 어느 날, 요 녀석이 엄마 잔소리에 스트레스를 받더니 대드는 것이에요!

그냥 놔두면 안 되겠다 싶어 저도 함께 야단을 쳤습니다.

"인석아! 엄마는 네가 걱정돼서 그러시는 건데 태도가 그게 뭐야!"

제가 나서자 아이는 금세 움츠러들더니 기가 팍 죽더라고요. 가능한 한 부모가 함께 야단치는 것은 피하는 게 좋기는 한데, 어쩔 수 없이 아버지가 '등판'해야 할 때도 분명히 있습니다.

여섯째, 똑같은 일로 두 번 야단치지 않는다.

아이에게 야단치면서도 화가 잘 안 풀릴 때가 있습니다. 똑같은 실수를 되풀이할까봐 걱정도 되지요. 그래서 했던 이야기를 하고 또 하며 꾸지람을 반복합니다. '아이가 스트레스를 받기는 하겠지만, 머릿속에 각인이 되든지 잔소리 듣는 게 싫어서라도 앞으로는 잘못을 저지르지 않겠지'라고 생각하면서요. 대개의 경우는 부모의 의도대로 되지만, 간혹 아이들도 짜증이 나 부모가 하지 말라는 일을 더 해버리기도 합니다. 그럴 때에는 같은 일로 또다시 야단칠 수밖에 없습니다. 정말 나쁜 행동이기 때문이지요.

야단의 횟수가 중요한 것은 아닐 것입니다. 아이가 스트레스를 받는다면 그만큼 부모님도 스트레스를 받겠지요. 반대로, 아이의 마음이 편하려면 부모님도 편안한 마음을 가져야 합니다.

좋은 부모가 되기 위해서는 무언가를 '해야 한다' 혹은 '하지 말아야 한다'라고 받아들이기보다는 그저 마음이 가고 편한 대로 아이들을 대하는 게 좋을 것 같습니다. 아이들과 이따금 다투고 부딪힐지라도, 그마저도 아이와 소통하고 서로의 마음을 열어가는 과정으로 여기는 게 좋지 않을까요?

다만 한 가지, 아이를 너무 코너로 몰아서는 안 될 것입니다. 그렇게 되면 아이는 너무 외로워지니까요.

아이들은
'논리적으로' 자라지 않는다

저는 가급적 우리 아이들의 공부에 대해서는 간섭하지 않고 그냥 놔두려고 합니다. 아마도 대학 교수라는 자존심, 혹은 어렸을 때 '범생' 소리를 듣던 자부심 때문인지도 모르겠습니다. 하지만, 안사람은 아이가 어릴 때부터 세세한 것을 챙겨왔던 때문일까, 여전히 아이의 공부나 생활 태도 모두를 직접 챙기고 싶어 합니다. 여성의 모성 본능 영향도 있겠지요.

그 덕분에 아이들은 적어도 남을 괴롭히지는 않습니다. 물론 아직도 고쳐야 할 점들이 많고, 공부 또한 우리 두 사람이 바라는 최소한의 기대치에 근접하지 못하고 있지만요. 야단치기부터 시작해서 달래보기까지 할 수 있는 조치들은 거의 취해보지만 매번 그저 그랬습니다. 오히려 너무 몰아붙이면 아이들은 마음이 안쓰러울 만큼 풀이 죽어버리기 때문에 부모 입장에서는 여간 마음이 무거운 게 아니지요.

둘째 아이를 대하는 전략에 관한 격론 끝에, 아내와 저는 현재 중학생인 아이에게 공부에 관한 한 모든 것을 일임하기로 했습니다. 직접적 계기가 된 것은 지금은 우등생이 된 다른 반 아이의 엄마 사례였지만, 그 이전에 아주 옛날부터 '사연'이 있었습니다.

세상의 다른 모든 부모들처럼 우리는 첫째 아이에게 많은 기대를 걸었고, 아주 어렸을 때부터 '올인' 하고자 마음먹었습니다. 다만, 방법에서는 아내와 생각이 다소 달랐지요.

저의 경우는, 엄하면서도 아이의 모든 것을 들어주는 아버지를 지향했습니다. 그때는 일본에서 유학생활을 하고 있었는데, 주위 사람에 대한 배려나 이웃에 민폐를 끼치는 일 등에 대해 아주 민감했습니다. 그래서 집에서 저의 역할은 지극히 보수적인 편이었습니다. 돌아가신 제 아버지가 본보기였지요.

그런 반면에, 아내의 지향점은 헌신적인 어머니 역할이었습니다. 아내의 롤 모델은 장모님이었고 방법은 그냥 헌신적으로 돌보는 것이었습니다. 가장에게 자신을 의탁한 채 튼튼하고 올곧은 아이로 키우기 위해 24시간 내내 챙기고, 가르치고, 함께했지요. 본인의 개인적인 일도 아이 앞에서는 모두 우선순위가 뒤로 밀렸지요. 친구와의 약속도 뒤로 미루고 친정 가는 일도 뒷전에, 가사를 제외한 모든 사회 활동도 접었습니다. 이런 것들이 저와는 큰 차이가 있었습니다. 제가 보이지 않는 곳에서 모든 걸 챙기고 자연스런 흐름에 내맡기고자 했다면, 아내는 아이 하나만을 바라보며 집 밖으로는 거의 한 발자국도 나가지 않았습니다.

그렇게 시간은 흘러갔지요. 큰아이는 무럭무럭 컸지만 그리 통통하지는 않았습니다. 처갓집의 아이를 키우는 지침은 아기돼지같이 통통하게 키우는 것이었습니다. 어차피 사춘기 때는 키가 크면서 마를 것이기 때문에 기초 체력을 튼튼히 해야 한다는 게 이유였지요. 그런데 큰아이는 먹는 게 까다로웠습니다. 밥을 먹을 때면 언제나 제 엄마와 실랑이를 했습니다. 밥 한 끼 먹는 데 한 시간이 넘어 걸렸으니까요.

여기서 저와 충돌이 생겼습니다. 제 지론은 '그냥 배고프게 놔두면 지가 알아서 먹는다'였지요. 하지만, 아내는 생각이 달랐습니다. 무조건 한 그릇 다 먹였습니다.(그래서 조금 통통해지기는 했습니다만.) 공부도 마찬가지였지요. 저는 '지가 알아서 하게 내버려두자'라는 주의였지만, 아내는 곁에서 일일이 챙겨주는 걸 최고로 여겼지요. '성적이 떨어져봐야 공부할 필요를 느낀다'라는 제 생각에 맞서 '공부 습관을 들여야 한다'라는 논리로 맞섰습니다.

그런 중에도 아이에게 예절을 가르치고 올바른 생활 습관을 들여야 한다는 데는 둘의 의견이 일치했습니다. 이에 관한 한 공동전선을 형성한 거지요. 엄마 아빠가 함께 야단치는 일이 잦았고, 때로는 매를 들기도 했습니다. 지금 생각하면 어린 아이에게 너무 엄하지 않았나

하는 생각이 드네요. 어떤 때는 엉덩이를 '맴매'할 때 아프지 않을까봐 기저귀를 내리고 때리기도 한 게 아직까지 참 마음이 아픕니다.

그렇게 애지중지하며 길렀는데, 큰아이의 삶은 우리 부부의 생각과는 전혀 뜻밖으로 흘러왔습니다. 앞에서도 언급했듯이 녀석은 예비 만화가입니다. 지금은 어느 만화 잡지 편집장의 지도를 받으면서 데뷔 준비를 하고 있지요. 키는 173cm에 몸무게 52kg입니다. 전혀 '통통하게' 자라지 않았고, 제게서 물려받은 유전적 한계(?)를 극복하지도 못했습니다. 오죽하면 군대도 간신히 현역일까요. 성격은, 남에게 절대로 폐를 끼치지 않으려고 하는 반면에 고집은 저보다 더 셉니다. 자기주장이 뚜렷하면서도 아이치고는 보수적이고요. 그래도 일본의 대학 만화학과에 다니며 과대표 역할을 한답니다. 나름 한국인 특유의 긍지를 저버리고 있지는 않나 봅니다.

우리 부부는 다른 여느 부모들과 마찬가지로 큰아이가 수재쯤은 되는 줄 알았습니다. 그러다가 커가면서 아이에 대한 소망을 바꾸었지요. 그냥 평범하고 크게 모나지 않는 삶을 살기를 원했습니다. 공부도 적당히 잘하고, 아주 명문은 아니더라도 중상위권 수준의 대학을 나와서 좋은 직장을 가지길 바랐던 거지요.

이런 바람을 뒤로 하고 그 녀석은 자기가 원하는 길을 갔습니다. 결국, 우리 부부의 육아 방침과는 달리 '제멋대로' 자란 것이지요. 대신 진로 선택이 남보다는 좀 빨랐던 것 같습니다. 중학교 때부터 만화에 조금씩 빠져들더니 고등학교 1학년 때 결심을 굳혔으니까요.

어쨌건 지금은 모두 행복하지요. 아이는 작품 그리느라 낮과 밤이 정반대이고, 덕분에 학교 성적은 거의 '바닥'인 것 같아요. 그래도 좋은가 봅니다. 자기가 하고 싶은 일을 하니까요……. 그런 모습을 보는 아내도 행복해하고요. 저 또한 자기가 하고 싶은 일을 제멋대로 하며 사람들 속에서 살아가는 녀석의 모습에 아주아주 만족하지요.

아들의 만화가 인생 개척기

우리 큰아들은 일본에서 태어났습니다. 제가 그곳에서 공부하던 5년 동안, 아이는 거의 일본인처럼 살았지요. 그런 다음에 미국에 가서는 또 4년간 미국인처럼 살았습니다. 이후 초등학교 4학년 때 한국에 와서야 아이는 비로소 '대한국민'이 될 수 있었습니다. 한국에 온 초기에는 주거가 불안정해 이사도 많이 다녔던 터라 아이는 학교생활 적응에 매우 힘들어했습니다. 5~6학년 때까지는 그럭저럭 공부도 잘했는데, 서서히 공부에 흥미를 잃기 시작했습니다.

그러다가 중학교에 들어와 친구들을 사귀면서 만화를 끄적거리는 취미를 갖게 되었습니다. 처음에는 잠깐 관심을 보이다가 그만둘 거라 여겼는데, 아이는 차츰 만화의 매력에 빠져들기 시작했습니다. 그렇게 만화에 몰두하는 시간이 늘어나면서 엄마와 부딪히는 일이 잦았습니다. 그때마다 아이는 계속 반항했지요. "나는 만화를 그리고 싶어요!"라고 외치면서요.

이후 중학교 3학년이 되었을 때 제가 '사고'를 쳤습니다. 안사람이 집을 비웠을 때 아이를 데리고 다짜고짜 만화 학원에 데리고 간 것이었습니다. 그리고 원장선생님에게 부탁했습니다.

"이 아이가 정말 만화를 할 수 있는지 6개월 동안 가르쳐보신 다음에 제게 알려주세요."

아이의 만화가 인생은 이렇게 시작되었습니다. 그날 밤 집은 쑥대밭이 되었지요. 아내는 '왜 자신에게는 한마디 상의조차 하지 않았느냐!'며 저를 잡아먹을 듯이 추궁했습니다. 저는 겉으로는 감히 맞서지 못한 채 속으로만 대꾸했지요.

'말했으면 만화 학원에는 죽어도 안 보냈을 거잖아!'

그러고 나서 만화 학원 선생님의 계속 해도 좋다는 사인이 났고, 그때부터 본격적으로 만화에 몰두하게 되었지요. 고등학교에 올라와서는 제가 연구년을 맞을 때 풍자만화를 가르치러 유럽에 데려가려고 했지만 여의치 않았습니다. 아이 또한 국영수 공부라면 지렁이처럼 몸을 비꼬면서도 만화 학원에 나갈 적에는 아무리 피곤해도 힘든 소리 한마디 하지 않았습니다. 참 신기했지요.

나중에 아이의 이야기를 들어 보니, 맨 처음 만화를 시작할 때는 공부에서 명분을 가지고 도피하기 위한 수단이었답니다. 계속 그리다 보니 재미있어졌다고 하고요. 그러다가 아빠가 설쳐대면서 외국에까지 나간다고 하니까 덜컥 겁이 났다고 합니다. 그래서 정말 '만화를 잘할 수 있을까' 심각하게 고민했고, 그래도 자신이 제일 잘할 수 있겠다는 판단이 들었답니다. 그때가 고등학교 1학년이었는데, 아이는 이때부터 마음이 편해졌고 그림이 잘 안돼서 고민은 했어도 늘 행복했답니다. 지금 일본의 어느 대학 만화학과에 재학 중인 그 녀석은 자기가 '예술가'라고 자부하네요.

'내가 좋아하는 것을 하는 삶이야말로 진정으로 행복하다'라는 평범한 사실을 큰아이를 통해 다시 한 번 깨달았습니다. 공부는 목표가 아니라 자신이 원하는 것을 이루기 위한 수단이어야 하지만, 상당수 부모들은 눈앞의 공부 성과에만 지나치게 얽매이는 경향이 있지요.

물론 공부를 잘하면 얻게 되는 혜택이 참 많습니다. 사람들이 괜히 일류대학에 목을 매는 건 아닐 것입니다. 하지만, 일류대학에 간다고 모든 게 해결되지는 않습니다. 대학교도 차츰 특성화되어 옛날처럼 특정 대학이 거의 모든 분야에서 제일 좋지만은 않습니다.

무엇보다, 아이를 '공부 잘하는 기계'로 만들 생각이 아닌 이상 '왜 공부해야 하는지'와 '무엇을 공부하고 싶은지'에 대해 아이 스스로 답을 찾을 수 있어야 할 것입니다. 아마도 그 답은 돌고 돌아 '행복'으로 귀결되지 않을까요? 만약 그렇다면 부모의 존재 의의는 아이를 행복하게 해주는 데 있다고 할 수 있고요.

만화가 아들의 첫 수상 작품 〈고마워〉. 능력이 부족하거나 허점이 수두룩해도 열정만 있으면 무언가 내 것 하나를 잡을 수 있을 것이다. 너무 큰 것만 바라지 않는다면…….

아이들을 가슴으로 맞아주기

그리고 둘째 차례가 되었습니다. 큰아이와는 8살의 차이가 있어서 한숨 돌리고 다시 시작할 수 있었지요. 큰아들의 교훈을 토대로 이번에는 한동안 '노터치' 방침으로 아이를 키웠습니다. 밥도 따라다니면서 먹이지 않았고 아이가 원하는 것은 가급적 할 수 있게 해주었습니다. 그 덕분에 수많은 장수풍뎅이가 우리 집에서 알을 낳았고, 열대어만 하더라도 수백 마리가 죽어 나갔지요. 현재는 강아지 두 마리가 우리 식구가 되었고요.

만화책부터 손을 대기 시작한 책은 초등학교 고학년이 되면서 집을 가득 채웠지요. 이제 중2가 된 둘째는 그렇다고 성적이 뛰어나지는 않습니다. 아내도 큰아이 때처럼 '원리주의자' 같은 행동은 하지 않지만, 그래도 공부에 관한 한 '노터치' 방침을 완전히 따라오지는 못하는 것 같습니다.

이 역시 '내 아이는 수재처럼 보이는' 현상 때문입니다. 책을 한창 많이 읽을 때에는 상식 수준이 대단했거든요. 여기서 다시 기대가 생긴 것 같고 아이가 자라면서 보다 적극적으로 챙기고 있습니다. 생활 태도 면에서는 엄하게 키우는 편이지만 큰아이 때처럼 '맴매' 하지는 않았습니다. 큰소리로 겁만 주지요. 물론 예의범절이나 좋은 습관을 들이기 위해 이따금 혼내는 것은 큰아이 때와 마찬가지였습니다.

둘째의 현황은 이렇습니다. 우선 무지하게 먹었지요. 체중은 초등학교 때 엄청 나갔는데 키가 훌쩍 크면서 쏙 빠졌습니다.(키는 저와 비슷한 정도입니다.) 공부는 지가 하고 싶은 것만 합니다. 게다가 공부한 지식이 머릿속에서 쉬이 증발하는 게 문제이지요.

중학생이 되면서부터 아내는 공부에 신경을 써주었다가 풀어주기를 반복하고 있습니다. 큰아이처럼 기본적으로 본인이 원하는 삶을 살도록 도와줄 생각입니다만 어찌 될런지요? '노터치' 방침을 본격적으로 시행한 얼마 전부터 아이의 반응이란! 정말 잘 놀고 있습니다. 한번은 책도 몇 권 사더라고요. 《위키리크스》《1984년》《아발론 연대기》 등등인데, 어떤 알고리즘(여러 상황이나 사실로부터 공통적으로 느낄 수 있는 일종의 법칙)도 발견할 수 없습니다.

아마 자신의 유전자가 일러주는 대로 세상에 맞추어가며 살겠지요. 앞날이 잘 가늠되지 않고 한편으로는 걱정이 되기도 하지만, 그냥 맡겨 놓고 기다릴 생각입니다. 얼마간의 혼란은 있을지언정 제 스스로 원하고 필요하다고 느낀 일을 찾아갈 테지요. 그 과정을 도우며 좋은 결과가 있기를 바랄 수밖에요. 그러면서 제 성격상 냉·온탕을 반복할 것 같습니다.

내심 좋은 성적을 받아 일류대학에 들어갔으면 하는 바람도 있기는 합니다. 물론 현재의 큰아들처럼 사는 것도 괜찮을 것 같고요. 어떤 길을 가든 무언가 동기가 있어야 하겠지요. 큰아이의 경우는 엉뚱하게도, 훗날 본인이 이실직고한 대로 공부를 피하는 수단을 찾는 게 그 발단이었습니다. 우리 부부는 독서실에서 공부하는 줄 알았고 자기 방에서도 열심히 숙제를 하는 줄 알았건만, 그 시간에 결국 만화를 그렸답니다.

어디까지가 아이들의 자유이고 얼마나 존중해줘야 할지는 사실 잘 모르겠습니다. 삶의 동기부여조차 우리가 상상했던 대로 오지 않는다는 사실을 큰아들을 통해 깨우쳤지요. 제 조그만 머리로 앞날의 세상을 예상하는 무모함만큼은 이제 저지르지 않으려고 합니다.

아이를 인정한다는 것 그 자체가 부모의 많은 수련을 요구합니다. 무엇보다 아이를 기다려줄 수 있는 '내공'이 필요하지요. 그처럼 꾹 참고 기다려야 하지만, 어떤 때는 질풍노도와 같이 아이를 자극해야 할 때도 있습니다. 그래서 아빠와 엄마의 역할이 둘 다 중요하지요. 아이들을 항상 존중하고 풀어놓는다고 해서 그 녀석들이 자신에 만족하면서 행복하게 산다는 보장은 없습니다. 공부를 몰아붙인다고 해결될 문제는 더더욱 아니겠지요.

때로는 부모가 인정하지 않는 듯 보이는 것도, 아이에게는 전혀 다른 각도에서 동기부여의 기회가 될 수 있다는 놀라운 사실도 알게 되었습니다. 남들이 아이를 어떻게 키우건 부러워할 것도, 따라할 필요도 없을 것 같습니다. 그저 부모님들이 따라가겠다고 마음먹으면 따라가는 것이지요. 그처럼 내 생각이 열려 있다면 동기부여의 기회는 아이에게 운명처럼 다가올 것입니다.

어떤 방식을 택하든 부모가 꼭 지켜야 할 것은 아이의 생각을 존중해야 된다는 사실입니다. 이것만큼은 꼭 마음에 담아두셨으면 합니다. 아이들을 논리가 아닌 가슴으로 이해하려는 태도도 부모와 아이 사이를 조금 더 편하게 만들어주겠지요.

역설적이게도, 아이는 부모님을 기다리고 있습니다. '나 좀 믿고 놔주세요'라고 끊임없이 요구하면서요. 우리들 부모는 여기에 대답을 해야 할 것입니다. 그 대답은 적어도 방임이나 속박이 아닌, 어중간한 태도가 어떤 면에서는 아이들에게 더욱 좋을 것 같다는 생각이 듭니다. 아버지는 아이들과 아내에게 큰 울타리를 쳐주시면 될 것 같고, 어머니는 때로는 잔소리하는 모습으로 때로는 시험 때 함께 밤을 지새우는 정성으로 아이에게 다가가면 어떨까요?

아이를 '가슴으로' 키운다는 말은 아이를 공기처럼 가슴에 넣고 내보내듯이 자연스럽게 키운다는 뜻인 것 같습니다. 아이들에 대한 존중의 마음으로 아이의 생각과 내 생각이 가슴에서 서로 맞닿아야 한다는 해석도 가능할 것 같고요.

아버지가
내게 남긴 가르침

"제일 존경하는 사람이 누구세요?"

누가 제게 이렇게 물어본다면 저는 주저 없이 "아버지."라고 대답합니다. 아버지는 지금의 제 성격과 태도를 형성하는 데 결정적인 역할을 하신 분입니다.

비록 중학교 3학년 때 돌아가셨지만, 제 곁에 늘 함께하신다는 생각, 그리고 아버지에 대한 변함없는 애틋함과 그리움을 가지고 있지요. 영적으로 의지하고 있다고 해도 좋을 것입니다. 나이가 들면서 조금씩 희미해져야 할 아버지에 대한 기억은 어찌 된 일인지 더욱더 또렷해집니다. 아버지의 삶을 따라가고 싶은 걸까요?

지금의 나를 만드신 아버지

어렸을 때 저는 질문이 참 많은 아이였습니다. 하루 종일 떠들었지요. 그런 저를 아버지는 귀찮아하지 않고 세상일이나 집안 일에 대해 많은 이야기를 들려주셨지요. 저 역시 아버지와의 그런 대화나 잡담을 좋아했습니다. 별별 이야기 중에는 성가신 질문도 많았지요.

한날은 초등학생인 제가 "신문에 공화당, 신민당이 만날 싸운다고 기사가 나는데 누가 옳아요?" 하고 시건방지게 여쭌 적이 있습니다. 그때 아버지는 이렇게 말씀해주셨습니다.

"신문기자는 있는 그대로 써야 하기 때문에 힘없는 야당 쪽 이야기가 신문에 났다면 야당이 옳은 것이다."

거침없이 대답해주시는 아버지가 저는 참 대단해 보였습니다. 그때는 서슬 퍼런 유신시대였고 사람들이 그런 말을 꺼린다는 사실쯤은 저도 알고 있었으니까요. 앞뒤 재지 않고 말을 툭툭 던지는 제 성격도 아마 그때부터 생긴 게 아닌가 싶습니다.

저는 아버지에게 학교에서 일어난 일을 미주알고주알 다 이야기했습니다. 친구와 싸운 일부터 고민거리까지 숨김이 없었지요. 중학교 시절 싸움을 잘하지는 못했어도 허구한 날 싸움을 하곤 했습니다. 어느 날은 우리 반 중간 어깨하고 한판 붙었는데, 맨 처음에는 두들겨 팼다가 수업 끝나고 매일 싸우자는 친구의 '곤조'에 기가 질려 3일 만에 백기를 든 적이 있습니다. 그때 친구는 딱 서너 대 때리더니 싸움을 끝내더라고요. 물론 이 이야기도 아버지께 했지요. 그랬더니 아버지는 전혀 엉뚱한 말씀을 하시는 거예요.

"세상을 살다 보면 지는 일이 많으니 그에 익숙해져야 한다."

이 말을 당시에는 잘 이해하지 못했는데 지금은 제 좌우명 중 하나가 되었습니다.

아버지는 우리나라 증권업계의 개척자이셨습니다. 하지만 당시에는 드물었던 월급쟁이 전문경영인이었기 때문에 그렇게 넉넉하게 살지는 못했던 것 같습니다.

가족이 회사 근처에 얼씬도 못하게 하실 만큼 공과 사의 구별에는 철저하셨는데, 저만 예외였지요. 저와 한 약속은 아무리 회사에서 난리가 나도 지키셨던 것으로 기억하고 있습니다.

초등학교 3학년 때 한번은, 처음으로 식구끼리 강원도로 여행을 가기로 했습니다. 8월 3일이었던 그날은 비가 엄청나게 내렸는데, 하필이면 나라에서 기업의 사채 상환을 일제히 동결시킨 '8·3 긴급조치'라는 정책을 발표하는 통에 금융기관들이 온통 뒤집힌 날이었지요. 경제 쿠테타라는 말까지 나돌았으니까요. 다급하게 이 소식을 접한 아버지는 제게 여행을 미루자며 사정사정하셨습니다. 하지만 저는 울고 불며 고집을 피웠지요. 결국, 그날 아버지는 회사 출근을 포기하고 강원도 여행길에 오르셨습니다.

만약 제가 똑같은 상황에 놓였더라면 어땠을까요? 저는 절대로 아버지처럼 못 했을 것입니다. 아버지를 떠올릴 때면 그런 제 자신이 더욱 창피하게 느껴지지요. 저는 참 많이 받았음에도 그만큼 제 아이들에게 베풀지는 못하고 있으니까요.

우리 집안은 손이 귀한 편으로 저 역시 무녀독남, 외아들이었습니다. 자식이 저 혼자라서 그런지 아버지는 저를 참 아끼셨지요. 돌이켜보면, 당신께서 아쉬웠고 못 하신 일들을 이루게 하시고자 제게 모든 걸 쏟아 부으신 것 같습니다.

어머니 몰래 한 달에 한 번씩 점심시간에 부르셔서 제가 지금도 좋아하는 함박스테이크를 사주시며 이런저런 이야기를 해주신 기억도 납니다. 정 바쁘실 때는 아는 분에게 부탁하셔서라도 사주시곤 했지요. 회사 이야기도 해주시고 세상 돌아가는 이야기도 아주 쉽게 들려주셨지요. 화가 나셨을 때에는 왜 화나셨는지도 꼭 말씀해주셨고요.

저는 그런 아버지가 참 좋았습니다. 아버지 영향으로 저 역시 우리 아이들에게 있는 그대로 그냥 다 이야기해줍니다. 아내에게도 물론이고요. 그래서 우리 집 식구들은 학교 비밀을 많이 알지요. 아마도 저는 '보안등급'만큼은 최하 수준일 것입니다.

아버지는 엄하신 한편으로 저를 친구처럼 대해주셨던 것 같습니다. 가끔 야구를 함께 하기도 하고, 특히 산책하시는 걸 좋아하셨지요. 7살 때부터 1년 정도 부산에서 살았는데, 구포에 가서 산을 넘어 동래까지 걸었던 기억이 납니다. 갈대밭을 지나 온천에 가서 '산책만큼이나 싫었던' 목욕을 함께 하고 오곤 했지요.

그때는 산책하는 게 정말 싫었는데, 아마도 그 업보를 지금에야 돌려받는 것 같습니다. 요즘 산책 나가는 걸 좋아하게 되었고 아들들하고 같이 가고 싶은데, 이놈의 '짜식'들이 되게 귀찮아하네요.

가슴을 아리게 하는 기억들

돌아가시기 전 1~2년을 빼고는 아버지의 삶은 청빈 그 자체였습니다. 우리 집을 가진 게 초등학교 5학년 때였고 그전에는 전셋집을 전전하며 살았지요. 회사 사장님이 전셋집을 산다는 게 당시에도 그리 흔하지는 않았던 것으로 기억됩니다.

아버지는 제가 중학교 3학년 때 외국에 출장을 다녀오신 후 과로로 쓰러지셨습니다. 병원에서 간암 진단을 받았지요. 이후 3개월 정도 투병생활을 하셨는데 병원에 한 달 정도 입원해 계실 적에 저를 자주 찾곤 하셨습니다. 저도 병원에 들르긴 했는데, 시험기간 중에는 찾아뵙지 못했지요. 아버지가 퇴원하시던 날, 학교 끝나고 놀다가 오느라 퇴원하시는 아버지를 계단에서 딱 마주쳤습니다. 얼마나 저를 야단치시던지······.

그때의 아버지 모습이 지금도 가슴을 아리게 합니다. 야단치시던 아버지의 눈망울, 섭섭해하시면서도 '나 얼마 남지 않았다'라고 제게 호소하는 듯한 아버지의 마음이 수십 년이 지난 지금도 생생하게 느껴집니다. 가슴이 짠해지지요.

그리고 나서 얼마 후에 주주총회가 열렸는데, 사장에 연임되신 바로 다음날 아버지는 혼수상태에 빠지시고 일주일 만에 돌아가셨습니다. 그러고 보면 인간의 정신력이란 정말 대단한 것 같습니다. 왜 그 자리에 그토록 연연해하셨는지……. 당시에는 몰랐는데, 이제 와 생각하면 식구들에게 한 밑천 남기고 떠나실 생각을 하셨던 것 같습니다. 중환이셔서 정신이 흐릿하셨음에도 불구하고 갑자기 큰 아파트를 사시겠다고 서두르셔서 집안에 난리가 났지요. 분명 잘못된 생각이셨지만, 아버지는 나름대로 그만큼 다급하셨던 것이지요.

훨씬 나중에 알게 된 일인데, 아버지는 본인이 회복 못 할 거라는 사실을 알고 계셨고 그래서 한동안은 병명도 가족들에게 숨기셨습니다. 가족은 가족대로 또 숨기고 있었고요…….

아버지는 그렇게 저로부터 떠나셨습니다. 하지만, 제 마음속에는 언제나 남아 계시지요. 정말 존경하고 있고, 또 보고 싶습니다.

우리 아이들에게는 제가 아버지께 받은 것의 절반도 못 베풀고 있습니다. 어릴 적 아버지의 모습을 떠올려보면 '내가 아버지 노릇을 잘하고 있나?' 싶고요. 아버지 없이 살아가야만 하는 다른 아이들을 봐도 안타깝기 그지없습니다. 자신을 지켜줄 아버지가 없고, 아버지의 마음을 느끼지 못한다는 사실만으로도 가슴이 아려오지요.

어린 제게는 더없이 높아만 보였던 아버지였지만, 한편으로는 부족한 점도 참 많으셨던 것 같습니다.

학력 콤플렉스도 그중 하나였습니다. 오죽하면, 돌아가시기 직전의 혼수상태에서 제게 하신 말씀이 "꼭 법관이 되거라."는 것이었지요. 머지않아 세상을 떠나실 아버지에게 저는 그날 "네."라고 대답하지 못했습니다. 그 대신 "전 의사가 되고 싶어요."라고 말했지요. 그때의 모진 대답은 아직까지도 마음속 응어리로 남아 있습니다.

아버지는 생전에 증권업계의 제일선에서 활약하신 분이셨기에 '정치–돈–파벌'이 한데 엮여 세상을 움직이는 시대에 당신 스스로의 학력이 걸림돌이 된다고 느끼셨던 것 같습니다. 한계에 부딪히는 일이 적지 않았고 자신의 부족한 점은 다른 걸로 보충하려고 하셨지요. 그래서 똑똑하고 능력 있는 사람만을 늘 최고로 치셨는데, 그런 점이 제게는 상당히 부정적으로 비쳤습니다.

나이가 드시면서 점점 권위적이 되셔서, 주위의 모르는 사람들에게 냉정하셨고 어머니를 하대하셨지요. 중학교 때 부산으로 여행을 갔을 때에는 이런 일도 있었습니다. 용두산 공원에서 아버지와 함께 산책을 하고 있는데, 어린 한 여학생이 무슨 캠페인을 알리는 꽃 리본을 아버지 가슴에 달아주려고 했지요. 그때 아버지는 정색하면서 뿌리치셨고, 그 학생은 어쩔 줄 몰라 당황해하던 얼굴 표정이 아직도 기억에 선합니다.

어머니를 하대하신 것도 마음에 걸렸습니다. 아버지의 영향 때문인지 어머니는 아직까지 '아기' 같습니다. 아버지가 그렇게 만드셨지요. 사회생활 절대로 못 하게 하시고, 회사 근처에 얼씬도 못 하게 하셨지요. 손님 접대에 조금이라도 소홀함이 있었다가는 불호령이 떨어졌고요. 왜 그렇게 냉정하게 대하셨는지는 잘 모르지만, 여하튼 어머니가 많이 힘들어하셨습니다. 아무리 원래 그랬던 세상이었고 또 어머니에게 부족한 점이 많으셨더라도 부부인데 말입니다. 그 때문일까, 어머니는 지금도 저에게만 기대려고 하십니다.

아버지는 고집도 대단하셨지요. 제게는 한없이 약하시지만, 사이사이에 보이는 완고함은 누구도 어찌하지 못했습니다. 양반 가문이라는 자부심 때문에 그러신지, 정말 친척에게 잘못하거나 인사를 제대로 하지 않으면 그날은 거의 죽음을 각오해야 했지요. 당시에 어렸던 제가 아버지의 모든 것을 이해하기는 어렵지만, 아버지의 그런 삶은 제 마음속에 각인된 채 지금도 잊히지 않습니다.

이런저런 단점에도 불구하고 저는 여전히 아버지를 존경합니다. 아버지는 제게 부족한 점과 좋은 점 모두를 여과 없이 보여주셨고, 덕택에 저는 좋은 점도 배우고 나쁜 점에서도 배웠지요.

'모르는 사람에게는 친절해야 마음의 상처를 주지 않는다'라는 생각을 했고, '아내를 존중하며 살아야 하지만, 가정을 이끌기 위해서는 고집도 필요하다'라는 생각도 하게 되었지요. 지금의 제 고집스러움도 아버지께 배워버렸고요.

아버지의 장례식은 참으로 성대했습니다. 주요 일간지에도 아버지의 부고가 보도되었지요. 발인식은 회사장으로 치러졌는데, '문전성시'란 걸 체험할 수 있었습니다. 그런데 장례 기간이 끝나자 더 이상 아무도 찾아오지 않았습니다. 그때 느꼈던 허무함 또한 지금의 제 성격을 만드는 데 일조한 것 같습니다. '겉으로 보이는 성공을 따라가지 말자'라는 생각을 했고, '사람은 결국 혼자인 존재, 내 스스로 나를 믿고 행복하게 살자!'라는 깨침도 어렴풋하게 느낄 수 있었지요.

세상에서 가장 든든한 힘, 아버지

사람은 누구나 살아가면서 롤러코스터 같은 인생의 굴곡을 경험하게 됩니다. 조금 더 높이 올라가고 덜 깊이 떨어지는 차이만이 있을 뿐이지요. 제 경우도 초등학교 전학, 아버지의 죽음, 고등학교 때의 고민, 대학 시절의 방황, 그리고 취직의 괴로움 등등 삶의 고비를 전후로 어떤 때는 힘들게, 또 어떤 때는 즐겁게 살아온 것 같습니다.

그때마다 아버지의 자리가 컸습니다. 살아 계실 때도 그랬고 돌아가신 다음에도 그랬습니다. 아버지가 제게 남기신 모습 하나하나로부터 제 자신을 만들었습니다. 아버지가 보이신 장점은 장점대로, 부족한 점은 부족함대로 저에게 많은 가르침을 주었지요.

어머니도 저를 극진히 아껴주셨지요. 그 고마움을 모르는 바는 아닙니다만, 어머니께 느끼는 감정은 아버지의 고마움과는 완전히 다릅니다. 아버지는 저의 정신세계에 큰 영향을 끼치셨습니다. 시공을 초월해 제 마음속에 늘 살아계시지요.

아이들은 완벽한 아버지를 바라지 않습니다. 남들에게는 평범해 보이든 어쨌든, 나와 함께할 수 있는 아버지를 원하지요. 아버지의 좋은 점이 있는 한편으로 나쁜 점도 있고, 때로는 아버지께 언성을 높이며 대들다가 몇 대 맞는 일도 있지만, 가까운 곳에서 대화를 나누고 마음을 나눌 수 있는 아버지를 바라고 있습니다.

아버지와의 그런 소통의 장면 하나하나가 아이들 삶을 지배하게 됩니다. 아이의 평생을 통해, 훗날 아버지가 떠나신 다음이라 할지라도 마음속의 '아버지'는 죽는 법이 없습니다.

존경받는 아버지는 위대하지만, 그 존경은 모범적인 삶에서 나오는 게 아닐 것입니다. 아버지에 대한 존경은 아이의 마음속에서 자연히 우러나오는 것이니까요. 돈이나 세속적인 지위 따위로 존경의 마음을 쥐어짤 수 있는 게 아니지요.

저는 우리 아이들에게 제 마음속에 있는 아버지처럼 남고 싶습니다. 그래서 나중에 세상을 떠나갈 때 '존경했다'는 소리를 한 번만이라도 들을 수 있다면 좋겠습니다. 아이들과 늘 친구처럼 지내면서 고민을 덜어주고 기쁨을 함께할 수 있는 아버지, 제가 세상을 떠난 다음에도 아이들 마음속에서 든든한 힘이 되는 아버지로 남고 싶습니다. 저의 아버지는 제게 그런 아버지이셨습니다······.

이유 없이 흔들리는
아이는 없다

아주 열심히 살고 있는, 한 엄마가 있었습니다.

수수한 직업이지만 자기 일에 애착을 갖고 있었고, 결혼한 후에도 줄곧 남편과 맞벌이하면서 힘든 세상을 헤쳐 나왔습니다. 부부가 오랜 세월 성실하게 살아온 덕분에 방 3개와 화장실이 2개 딸린 아파트에, 그리고 엄마 말 잘 따르고 씩씩한 딸과 함께 행복한 가정을 꾸리고 있었지요.

그런데, 이 착한 엄마를 아무 생각 없이 괴롭히는 사람들이 있었습니다. 소위 요즘 1%라는 교수님, 변호사, 의사 그리고 어쭙잖은 연예인까지 다 같은 부모 노릇을 하는 사람들인데도 학교에서, 그리고 회사에서 그 엄마의 자존심에 많은 상처를 주었습니다. 쓸데없이 잘난 체하지를 않나, 지들 가진 것 많다고 남 무시하지를 않나……. 하물며 직장 상사들까지 엄마를 아랫사람 대하듯이 낮춰보는 데에서 엄마는 여간 큰 스트레스를 받는 게 아니었습니다. 아무리 여직원이라고 해도 커피 심부름이나 시키고, 말 탁탁 놓고, 자기들을 특별대우해 달라고 윽박지르고, 그러다 안 되면 성질을 부립니다. 지친 몸을 이끌고 퇴근해 아빠에게 푸념하던 엄마는 깜짝 놀랐습니다. 아빠도 똑같은 생각을 하고 있었습니다.

그래서 두 사람은 결심했습니다. 우리 아이, 이 착한 아이는 우리가 겪는 이 아픔과 서러움을 절대로 겪게 하지 않겠다고! 그리고 계획을 세웠습니다. 열심히 공부시켜 꼭 명문대에 보내자, 어느 누구도 무시하지 못할 번듯한 직업을 갖게 해주자고 마음을 독하게 먹었지요.

다행히도 외동딸인 그 집 아이는 아주 성실했습니다. 부모님 말씀 잘 듣고 공부도 썩 잘했지요. 반에서 1등은 물론 전교에서도 거의 톱 수준이었습니다. 가정 형편이 빠듯해 과외는 꿈도 꾸지 못했지만 열심히 노력하는 모습이 부부는 눈물이 나도록 대견스러웠습니다.

그래서 엄마는 더더욱 결심했습니다. 가진 게 적어서 과외는 못 시키지만, 학교라도 열심히 따라다니면서 부족한 부분을 채워주겠다고요. 남에게 절대 지지 않는 열혈엄마가 되기로 마음먹었지요.

엄마는 학교의 모든 행사에 빠짐없이 참석했습니다. 아이가 공부에만 전념할 수 있도록 학교에서 원하는 건 뭐든 최선을 다해 돕고자 한 것이지요. 학부모 대의원, 봉사단, 시험 감독, 급식 지원은 물론 같은 학급에서 힘들어하는 아이들 문제까지도 담임선생님과 상의해 앞장서서 도왔습니다. 회사를 그만둘까도 생각했지만, 강남에 있는 좋은 학원에 보내기 위해서는 일을 그만둘 수는 없었습니다

친목 모임을 통해 사회적으로 든든한 배경을 가진 엄마들과도 사귀었지요. 마음은 편치 않았지만, 그 사람들의 배경을 이용할 수 있을 것 같았기 때문입니다. 이따금 비위가 상하는 일이 있어도 엄마는 꾹 참아가며, 그것도 되도록이면 공부를 잘하는 아이의 엄마들만 사귀었지요. 아이 공부에 도움이 되는 정보를 빼낼 수만 있다면 어떤 일도 마다하지 않았습니다. 아이의 생활기록부 경력을 위해서도 노력을 아끼지 않았지요. 선생님과 주위에 부탁해 아이를 반장으로 만들었고, 중3이 되자 직접 나서서 전교 회장에도 당선시켰습니다.

엄마의 노력 덕분에 그 집 아이의 경력은 정말 화려했습니다. 공부는 물론, 학교 활동도 아주 모범적이었지요. 아이들을 이끄는 성품은 아니지만, 원래부터 착하고 조용한 성격이었기에 문제가 되는 일은 전혀 없었습니다. 그러면서 아이는 자신의 삶에 더욱 자신을 가졌고, 친구 관리를 잘해주는 엄마 덕분에 '엄친아' 친구들만 사귈 수 있었지요. 학교 성적과 가정환경이 일정 수준 아래인 아이들은 엄마가 접근조차 못 하게 했으니까요.

이들 두 모녀는 고등학교에 올라가서도 그런 식으로 생활했습니다. 그래서 원하는 명문대의 최고 인기학과에 들어가는 데 성공했지요. 아이의 합격 소식에 엄마 아빠는 너무나 기뻤습니다. 오랜 시간의 노

력이 결실을 맺어 이제 성공은 떼놓은 당상처럼 보였지요. 엄마는 그제야 한숨을 돌릴 수 있었습니다.

"엄마가 해줄 일은 이제 끝났다. 앞으로는 네가 알아서 잘해 나가거라. 그동안 많이 힘들었으니까 대학 생활은 편하게 즐기면서 하고."

엄마는 아이가 대학에 들어갔으니 이래라 저래라 할 필요도 없다고 생각했습니다. 철이 다 들었다고 여긴 것이지요. 단지, 결혼할 때 좋은 사위만 맞으면 그뿐으로 보였습니다.

대학이 전부라고 믿는 부모님들의 착각

그런데, 아이에게 문제가 생겼습니다. 첫 학기의 학점을 받아보니 중간 성적밖에 안 되는 거였습니다. 아이는 큰 충격을 받았지요. 중학교와 고등학교 때처럼 두각을 드러낼 거라 생각했는데, 자신이 그저 평범하다는 사실을 깨달았기 때문입니다.

같은 학과에 입학한 아이들은 각자의 출신 학교에서 내로라하는 아이들이었지요. 성적이 비슷비슷한 것은 당연한 일인데도 '자신이 평범하다'는 사실을 참을 수 없었습니다. 장학금은커녕 누구에게 칭찬받을 일도 사라졌습니다. 더욱이, 그간 공부 못하는 아이들을 '찌질이'라고 생각했는데, 자신이야말로 그 꼴이 되었다는 생각에 스스로가 왜소해 보이기까지 했습니다.

아이의 고민은 비단 학교 성적에 그치지 않았습니다. 아이들끼리 술을 마시는데 알코올이 들어가면서 자연스레 나오는 인생의 고민 이야기에 끼어들지 못했습니다. 자신이 가진 고민거리가 너무 한심해 보이고, 내 비밀과 약점을 친구들이 알아버린다는 것 자체가 용납되지 않았습니다. 게다가 친구들의 고민은 왜 그리 고차원적인지……. 친구들보다 성적이 아주 뛰어난 것도 아니고, 지금까지 공부 이외에는 아무것도 한 게 없다는 자괴감에 아이의 시름은 더욱더 깊어만 갔습니다.

급기야는 '내가 선택한 전공이 과연 내게 맞을까?' 하는 생각마저 들기 시작했습니다. 친구들은 다양한 삶을 경험해보라며 충고해주지만, 서클 활동을 하고, 부전공 공부를 하고, 아르바이트를 해봐도 달라지는 건 없었습니다. 더더욱 힘들었던 것은 '이제 모든 걸 스스로 해결해야 한다'라는 사실이었습니다. 부모님이 대신해줄 나이는 일찌감치 지났지만, 혼자서 세상을 헤쳐 나간다는 게 두렵게만 느껴졌습니다. 내가 원하는 일이 무엇인지도 잘 모르겠고, 취직을 할 수 있을지도 불안하게 느껴져 하루하루 우울한 날들이 이어졌습니다.

그렇다고 엄마 아빠에게 고민을 털어놓을 수도 없습니다. 부모님은 자랑스러운 딸이 좋은 직장에 들어가서 성공할 거라고 철석같이 믿고 계시니까요. 여태까지 헌신적으로 모든 것을 쏟아주신 부모님께 자신의 흔들리는 모습을 보일 용기가 없었습니다. 그냥 너무 미안할 뿐이었습니다.

이제 이 아이는 어떤 선택을 할 수 있을까요? 또 그 이전에 어디서부터 잘못되었던 걸까요? 제가 가르치는 학생들에게서도 간혹 보이는 아픈 장면입니다. 이런 고민을 안고 있는 아이들을 심심찮게 만납니다…….

부모가 만든 우등생들은 좋은 대학생이 되기 어렵습니다. 아이들은 부모님의 너무나 큰 기대에 힘들어하면서 대학 생활이 외로워지게 되지요. 어느 누구의 잘못이라고 하기에는 너무나 복잡한 문제입니다. 제 주위의 부모님들과 아이들에게 어떤 메시지를 주면 좋을까를 고민해보지만, 아이들이 처한 현실의 벽을 뛰어넘기란 여간 어려운 게 아니지요. 좋은 대학에 들어가는 것이 절체절명의 과제로 받아들여지는 이 시대에, 부모님들께 먼 훗날 아이의 행복에 대해 이야기해본들 먹히지 않더라고요. 하기는 다른 부모님은 다들 그렇게 하지 않는데, 본인들만 그러는 것은 '자살골'처럼 보일 수밖에 없지요.

그나마 아이의 학창 시절 공부에서 한 걸음 떨어져 지켜보았던 아버지라면, 아이의 고민에 다가갈 여지가 있을 것 같습니다. 모르는 척하고 자녀의 대학 생활을 점검하는 것도 가능할 테지요. 아버지 특유의 유연성을 최대한 발휘해 다가가는 거지요. 대학생 자녀와 가벼운 술자리를 가져도 좋고 세상 돌아가는 이야기를 하는 가운데 아이의 생각과 고민을 나눌 기회를 잡을 수도 있겠지요. 중요한 것은 아이가 자랄수록, 아버지는 아이를 도와주는 '서포터' 역할이 아니라 '친구' 역할로 자리매김해야 한다는 사실입니다. 서먹서먹하게 여길 필요는 전혀 없습니다. 아이에게 필요한 사람은 무슨 대단한 멘토가 아니라, 편안하게 대화하고 고민을 나눌 수 있는 친구이니까요.

아이들이 정말로 원하는 것들

아이들 문제에 관한 법률이 요즘 들어 부쩍 느는 것 같습니다. 먼저 '학생 인권조례'를 만든다고 한동안 나라가 들썩였지요. 생각이 다른 사람들끼리 편을 나누어 시끄럽게 싸우더니 다른 한쪽에서는 '교사 인권조례'를 만들겠다며 자기들끼리 또 열심히 싸웁니다. 그 와중에 아이들은 얻어터지고, 자살하고, 잡혀가고 그랬지요. 그리고 얼마 후 이번에는 초중등교육법이 새로 공포되었다고 하네요.

이런 일련의 상황에 대해 아이들에게 물어보면 뭐가 뭔지도 모릅니다. 그저 "와! 이제는 머리 염색해도 된다!", "선생님이 때리면 반항해도 되겠네." 정도이지요.

현 교육제도의 문제점과 해결 방안에 대해 다양한 의견이 오고갑니다. 올바른 생각, 올바른 태도, 그리고 모두가 다 공부 잘하는 세상을 어른들은 염두에 두는 듯합니다.

하지만, 아이들은 그게 싫다고 하네요.

"우리가 선택해야 할 문제들을 왜 강요하나요?"

"그렇게 공부 열심히 하고 '범생'을 목표로 살아온 어른들은 지금 모두가 다 행복한가요?"

"공부만 열심히 하면 내가 진짜로 원하는 걸 이룰 수 있나요?"

아이들은 대학에 들어가기 위해 집과 학교, 학원을 오가며 공부만 하기 때문에 딱히 아는 게 없습니다. 그렇지 않은 아이들도 세상을 어설프게 알 뿐이지요. 그런데도 어른들은 아이들에게 온갖 족쇄를 다 채우거나 아예 인생 자체를 맡겨버립니다. 숨이 막혀서 정작 하고 싶은 일은 엄두도 못 내거나, 혹은 아무것도 모르는데 어찌 하라고…….

아이들 세상으로 조금만 더 들어가 볼까요?

어른들은 스트레스 받으면 술도 마시고, 담배도 피고, 노래도 부르고, 춤도 춥니다. 하지만 아이들은 그렇게 못 하지요. 아이들이 편하게 할 수 있는 일은 거의 아무것도 없습니다. 게임을 하더라도 눈치를 봐야 하고(우리 아이도 불만이 많지요.^^), 마음 놓고 놀아볼 생각을 해도 왠지 죄 짓는 것 같아 제대로 스트레스를 풀지 못하지요.

또 아이들은 이렇게 말할 것 같습니다.

"공부는 내 적성에 안 맞는데 어떡해요!"

"공부만 잘하고 성격 이상한 애들이 학교에 얼마나 많은데……. 엄마 아빠가 몰라서 그래요!"

"적성교육이니 뭐니 하면서 이상한 데도 보내지 마요. 거기도 학교 수업이랑 별 차이가 없거든요! 괜히 몸만 피곤해요. 그냥 집에서 혼자 좀 생각하게 놔두시라구요!"

"나도 이런 내가 너무 싫으니까 참견 좀 그만해요!"

"성적 때문에 엄마한테 깨졌는데 하소연할 데가 없어요. 죽고 싶은 마음뿐이에요……."

아이는 '지금 자라고 있는' 사람입니다. 어디를 향해 가면 좋을지 목적지를 모르고 아직은 서툴러서 방황할 뿐, 앞날을 향해 가고자 하는 의지조차 없는 것은 아닙니다. 그 방법을 깨쳐주는 게 스승과 부모의 도리이겠지요. 하지만, 무작정 이끈다고 해서 얌전히 따라올 아이들이 아닙니다. 아이들은 그들 나름대로 고민이 있고 세상을 보는 시각도 어른들과는 다르니까요.

아이들과 천천히, 함께 가는 게 중요합니다. 부모님들이 알고 있는 세상은 이미 과거 속에 묻혀버렸습니다. 이제는 아이에게 맞추면서 살아가야 하는 세상이지요. 아이에게 '넌 이 담에 뭐가 되어야 한다'라고 말씀하지 않는 게 좋을 것 같습니다. 그보다는 아이가 '난 이 담에 뭐가 되고 싶어요'라고 말할 수 있는 분위기와 환경을 만들어주시는 게 더욱 중요할 것입니다.

그러려면 아이들이 부담 없이 이야기를 꺼낼 수 있어야 합니다. 공부를 못한다거나 어리다고 무시하지 말고 아이의 의견을 존중해주는 가정 내 분위기가 필요하지요.

아이들은 자신의 꿈이나 평소의 생각, 혹은 잘 모르는 게 있으면 엄마 아빠에게 물어보고 싶어 합니다. 중학교, 고등학교에 올라가면서 말수가 줄어들 뿐 아이들이 아주 어렸을 때는 다들 그렇지 않았나요? 아이가 필요로 하는 정답을 주어야 한다는 부담을 가질 필요는 없습니다. 아이는 '정답'을 원하는 게 아니니까요.

아이들과 함께하다 보면 야단을 칠 때도 다툴 때도 있습니다. 아이들 역시 반항할 수도 있겠지요. 성질을 있는 대로 다 냈다가 돌아서서는 마음이 짠해질 때도 있을 것입니다. 세상일이란 게 늘 좋은 일만 있거나 나쁜 일만 있을 수는 없으니, 좋으면 좋은 대로 나쁘면 나쁜 대로 아이들 곁에 있어주시기 바랍니다. 가끔은 익살스러운 문자 메시지를 보내도 보고, 친구들과 자주 가는 분식점이나 노래방, 영화관에 아이를 데려가도 아이들이 참 좋아할 것 같습니다.

요즘 아이들에게 정말로 필요한 것은, 법을 만들어 보호하거나 아주 존경스러운 부모님이 되는 일이 아닌 것 같습니다. 부모님이 바쁘신 거 아이들은 다 알 테니까, 가끔씩 곁에서 이야기를 들어주는 아빠 엄마로 충분할 것입니다. 아마 그렇게 되면 인권조례 같은 것들로 수선 피울 일도 사라지지 않을까요?

아이들과의 소통은 어렵지 않다

그런데, 문제가 있습니다. 요즘 아이들은 어른들 못지않게 바쁘다는 점이지요. 아니, 어른들 스케줄은 저리 가라고 할 정도입니다. 갖가지 수단을 통해 아이들 시간이 철저하게 관리되지요. 숨 쉴 틈이 없습니다.

학교 수업이 끝나자마자 학원 버스가 아이들을 학원으로 모시고 가지요. 거기에서 밤 10시까지 과외 공부를 합니다. 집에 돌아오면 피곤에 지쳐 부모와 이야기할 힘조차 없습니다. 잠자기 전에 인터넷 강의를 듣거나 밀린 공부를 해야 하는 경우도 있습니다. 이처럼 '학교-과외-집' 사이를 쳇바퀴처럼 빈틈없이 돌아가는 일정이라면, 아이들 입장에서는 잠깐 동안의 게임을 통해 피로를 푸는 것도 감지덕지할 일입니다. 그런데 이 상태에서 뚱딴지같이 '인생 설계'에 대해 말을 붙여 보세요. 아이는 아마 물끄러미 바라보다가 이내 귀찮다는 표정을 지을 것입니다. 인생 설계고 뭐고 그냥 그걸로 끝인 거지요.

사람들은 이야기합니다. 이제는 '소통의 시대'라고요. 하지만, 그런 이야기를 접하는 아버지는 답답할 따름입니다. 도대체 아이들이 보여야, 그리고 아이들이 내가 하는 말을 받아주어야 소통을 하든 뭘 하든 하지요! 그렇다고 아버지가 한가한 것도 아닙니다. 예전과는 비교할 수 없는 치열한 경쟁 속에서 가족을 지키며 살아갈 궁리를 해야 합니다. 그러다 보면 일요일은 손가락 하나 움직이는 일도 버겁지요. 그래도 아이들과 소통을 해야 한다고 하니, 아이들과의 대화에서 즐거움은 빠져나가고 통상적인 의무감만 남습니다.

요즘 사회의 속성상 학교와 학원에 얽매여 있는 아이들을 '소통'을 위해 바깥으로 빼낼 수는 없습니다. 결국, 문자 메시지 같은 IT 기기의 도움을 받거나 아버지와 아이의 일상 속에서 해법을 찾아야 합니다. 취미 생활을 함께하는 것도 좋은 방법이겠지요. 아이들의 취미 생활을 지켜보면, 이 아이가 대충 어떤 상황에 놓여 있는지도 간파할 수 있습니다. 다소 무모한 방법 같긴 하지만, 아이들과 맥주 한잔 하는 것도 못할 일은 아닐 것입니다. 그것도 힘드시면 그냥 아무 생각 없이 아이들 옆에 얌전히 계셔 보세요!

가부장적인 가장의 권위는 이제 거의 사라졌습니다. 그리고 사회 구성원 간에 다양한 의견을 나누기 위한 시스템도 더욱 공고해졌습니다. 그럼에도 부모와 자식 사이는 점점 멀어지고 있지요. 그만큼 틈이 많이 벌어져 있다는 것입니다. 그 틈을 기계적이고 기능적으로 메우려 하기보다는 여유를 갖고 아이들과 부딪히는 시간을 늘리려는 노력이 필요할 것 같습니다. 너무 갑자기 다가가는 티를 내는 것도 생뚱맞겠지요. 아이 가까이에 머물러 있는 게 좋을 것 같습니다. 그러면 시간이 지날수록 어색함은 사라지고 무언가 이야기할 '꺼리'도 생길 것입니다. 산골 작은 물줄기가 모여 큰 강을 이루듯이, 소통은 아주 사소한 것에서부터 시작됩니다. ♣

Part
4

좋은 부모로
산다는 것

하루를 맘 편하게 생각할 수 있는 삶이 얼마나 소중한지를 이제는 알 것 같습니다. 오늘 하루하루를 성실하게, 또 이웃에 덕을 쌓고 살면서 '존경받는 아버지'의 꿈을 이루고 싶습니다. 하루의 자그마한 삶과 아주 조금의 만족감이 세상의 그 어떤 명예, 권력, 재산보다 소중히 느껴진다는 게 삶의 신비가 아닐까요?

삶에는 허다한 모순이 있지만 그것을 해결할 길은 사랑뿐이다.
· 톨스토이 ·

부모 역할도
업그레이드가 필요하다

평소 드라마를 거의 보지 않는 편인데, 우연히 인기리에 방영된 〈뿌리 깊은 나무〉의 재방송을 케이블 TV에서 본 적이 있습니다. 세종대왕이 태조 때부터의 훈구대신들과 논쟁하는 장면이었지요. 보수적인 대신들은 쉬운 글자를 만드는 일에 '목숨 걸고' 반대합니다.

"무식한 백성들이 노력도 하지 않고 글을 쉽게 배우면, 말이 트이면서 불평을 말하고 서로 교류하면서 세상의 불만을 토해냅니다. 수많은 무식한 백성이 힘을 모아 나라에 반역하면 세상이 흔들리고 무식함이 세상을 다스립니다. 열심히 공부한 사람들은 바보가 되고, 나라가 흔들리며, 국가가 문란해지는데 왜 굳이 쉬운 글자를 만들려고 하십니까?"

그러자 세종대왕이 반박합니다.

"무식한 백성들이 글을 알고 깨우치면 당연히 배운 사람을 무시하고 나라를 흔들겠지. 그러면 국기가 문란해지고 지금까지 생각도 못했던 엄청난 일들이 일어나 나라의 기강 자체가 흔들릴 것이다. 그러나 그런 혼동 속에서도 백성들은 그들의 세상에 맞는 새로운 방법을 깨치고 살아가는 방법을 알게 될 것이다. 그렇게 새로운 나라가 되는 것이다."

세종대왕의 이 대사가 제 가슴에 착 달라붙었습니다. 요즘처럼 양극화된 가치관들의 충돌이 잦은 시점에, 이 대사는 많은 것들을 생각하게 했습니다. 상대방에게 변화를 받아들일 수 있는 아량과 혼동을 이겨낼 수 있는 지혜를 요구하는, '기득권'의 정점에 있는 세종의 대사에 감탄했고 이를 각색한 연출자의 능력에 탄복했습니다.

이제는 세상이 바뀌었다

지금의 세상은 변화를 바라고 있습니다. 동시에 그로 인한 불안감도 있겠지요. 이런 열망과 우려가 불꽃을 튀며 충돌하고 있습니다. '저놈들에게 학교, 사회, 회사, 그리고 나라를 맡기면 금방 망할 거야'라며 서로를 불신의 눈으로 째려봅니다. 이제까지의 경험으로 보건대 내 생각이 분명 옳을 것이라며 서로가 큰소리칩니다. 자기 입장에서만 생각하니까 당연히 자기 생각만 옳은 것으로 보이겠지요.

사실, 우리는 60년대부터 오늘날에 이르기까지 기적을 이룬 사람들입니다. 세계에서 유래가 없을 정도로 눈부시게 발전해 왔습니다. 어느 쪽이 힘을 가졌건 각자의 방법으로 우리나라를 발전시켜 왔지요. 그런데 안타깝게도 서로의 장점은 보지 않고 단점만 본다는 게 문제입니다. 그래야 상대의 약점에 분노하고 불만이 있는 사람들끼리 힘을 합칠 수 있기 때문이지요.

성장 동력이 넘칠 때는 이게 큰 문제가 되지 않았습니다. 서로의 발목을 잡아끌면서도 앞으로 나가는 탄력 덕분에 다 함께 나아질 수 있었으니까요. 하지만, 세상이 만날 발전만 할 수는 없으므로 때로는 숨을 고르면서 발전의 과정에서 생긴 많은 상처와 흠집을 돌봐야만 합니다. 이 과정이 없으면 더 이상 앞으로 나아갈 수 없지요.

화해의 미덕은 바로 이때 필요합니다. '남 잘되는 것을 못 보는' 열등감으로 이제껏 뛰어왔다면, 앞으로는 '서로를 믿고 도와가며' 함께 뛰어야 합니다.

우선 '나'부터 어떻게 해야만 하겠지요. 가장 먼저 내 자신이 주위와 화해해야 하고, 그 다음은 '우리'가 그래야 하지요. 나는 화해하지 않으면서 남부터 서로 화해하라고 하는 것은 내 밑으로 오라는 것과 다를 바 없습니다. 상대방 이야기에 귀를 기울이는 겸손한 마음으로 지금까지 내가 이룬 것들에 대한 집착도 버려야 합니다.

가정도 다를 게 없습니다. 어찌 보면 아빠 엄마는 인간이란 종種을 지구상에 유지시키기 위해 조물주가 만든 도구입니다. 발생학을 강의하다 보면 정말 그런 생각이 들어요. 나를 통해서 '나와 비슷한 또 다른 후손이 생기는 과정이 무수히 반복되며 인류가 유지됩니다. 그러면서 세월의 흐름을 좇아 변화한 세상에 순응하며 살게 되지요. 이런 과정을 과학자들은 '진화'라고 합니다. 진화를 통해 변화한 환경에 적응하면서 더욱 강해지는 것이지요. 만약 지금까지 있어왔던 '놈'들이 진화를 거부한다면, 그 종은 변화에 적응하지 못해 결국 멸종하고 맙니다. 지극히 당연한 생물학적 현상입니다.

부모 세대가 경험했던 세상은 '잘살아보세!'의 사회였지요. 그러다가 '불의에 분노하는' 사회로 넘어와서, 요즘은 '나눔'의 세상이 되어 갑니다. 예전 세대의 사람들이 이 나눔의 세상에서 살아가려면 스스로의 마음을 송두리째 바꾸어야 합니다.

지금의 세상에서는 '내 말대로만 하면 잘살 수 있어'라는 식의 강요는 아무런 힘을 갖지 못합니다. 내가 세상을 이끌고, 사회를 이끌고, 가정을 이끌어가는 시대는 끝난 지 오래이기 때문이지요. 진화를 거부하면서 나만이 옳다며 힘과 권력을 내세워 '아랫것들'에게 내 생각을 강요하는 '놈'은 퇴화라는 운명을 맞을 수밖에 없습니다. 퇴화되지 않기 위해서는 바뀐 시대에 걸맞게 스스로를 업그레이드 시켜야 합니다. 그가 사회의 리더이든 어느 가정의 가장이든…….

아이가 내 마음속으로 들어오는 순간

부모님은 자신의 말을 귀담아듣지 않는 아이를 질책합니다. '이게 다 너 잘되라'고 하는 말인데 부모 마음도 몰라준다며 아이를 꾸짖곤 하지요. 부모 입장에서는 충분히 꾸짖을 만합니다.

그런데, 아이 입장에서는 논리적으로 맞설 능력도 없고 참 갑갑한 노릇입니다. 어쩔 수 없이 요즘 세상과 전혀 맞지 않는 고리타분한 부모님 말씀은, 아이의 한쪽 귀에 들어왔다가 다른 쪽 귀로 빠져나가든지 아니면 반항을 불러옵니다.

부모님이 경험한 '옛날'이 아이의 현재와 미래를 가로막을 수 있습니다. 세상의 변화에 눈을 닫고 살기 때문에 내 아이가 '요즘 아이'라는 걸 생각하지 못하는 경우이지요. 아무리 부모님 생각이 옳다고 하더라도 한 번은 참으실 필요가 있습니다.

아이들은 자신의 뜻대로 살아갈 시간이 필요합니다. 그래야 부모 말도 이따금씩 듣습니다. 가장 좋은 방법은 가끔 서로를 포기하는 것입니다. 생각이 다른 부모와 아이가 서로 조금이라도 숨통을 틔우기 위해서지요. 아이가 어떤 짓을 하건 내버려두면, 도움의 손길이 필요할 때가 꼭 찾아오는 법입니다. 부모님은 그때 손을 내밀어주면 됩니다. 그때가 바로 아이들이 내 마음속에 들어오는 순간이지요.

〈뿌리 깊은 나무〉에서 세종대왕이 느낀 것처럼 백성은 나라의 가장 소중한 보물입니다. 마찬가지로 가정에서 제일 소중한 보물은 자녀이지요! 서로 미워하는 분노의 힘을 통해 세상이 발전하던 시대는 우리들의 기억 너머로 사라졌습니다. 이제는 순박하게, 서로 티격태격하면서 살아가는 평범한 백성의 힘이 새로운 동력이 될 것입니다. 양 극단에 서 있는 사람들로부터 백성에게 힘이 돌아오는 과정에서 혼란과 아픔이 생기겠지만, 그러다가 좋아질 것입니다.

가정도 마찬가지로 부모에게 이끌려오던 세상에서, 아이들과 부모가 함께 만들어가는 가정으로 바뀌고 있습니다. 당장은 이래저래 헷갈리기는 해도 앞으로 잘될 것입니다. 한번쯤 서로를 포기해보세요! 그리고 받아들여보세요! 세상을 이끄는 힘은 균형에서 나오는 것이고 그 균형 사이로 물처럼 흐르는 지혜가 세상을 채울 것입니다. 아이들과 어른들이 서로 연결되어 있고 함께 만들어가는, 그런 세상이 오면 이제는 진화가 멈춰도 좋겠지요.

능력만큼이나 중요한 아이의 인성

우리나라를 빛낸 스포츠 선수가 참 많습니다. 미국과 일본의 프로 야구에서, 유럽의 프로 축구에서, 피겨스케이팅 그리고 프로 골프에 이르기까지 세계 최고의 자리에 올라 대한민국의 긍지를 느끼게 해주었지요. 참으로 대견하고 감사할 따름입니다.

그런 훌륭한 선수들은 자라나는 아이들에게도 꿈을 심어주지요. 그

교육적 효과는 이루 말할 수 없습니다.

　국위선양에 앞장선 그들 선수들의 자기관리 방법은 각양각색입니다. 능력 향상을 위해 보다 나은 활동무대를 끊임없이 찾는 선수가 있는가 하면, 어떤 선수는 그냥 우직하게 한 팀에 있으면서 자신의 능력을 극대화하고자 노력합니다. 팀을 잘못 선택해 슬럼프에 빠지는 선수도 있고, 세계 최고의 위치에 오른 다음 미련 없이 그 자리를 박차고 새로운 삶을 찾는 선수도 있습니다.

　어떤 선택을 했건 그 사람의 결정은 존중되어야 할 것입니다. 스타선수들도 이 원칙의 예외가 될 수는 없지요. 그런데도 사람들은 그가 걸어왔던 과정보다는 결과만을 놓고 모든 걸 판단하는 경우가 많습니다. 그리고는 "욕심을 안 부렸으면 더 잘했을 텐데.", "좀 더 큰 무대에서 뛰었더라면 더욱 성공했을 텐데." 등등 다양한 의견을 덧붙이지요. 이런 생각들은 언론보도를 통해 객관성을 띠면서 비스무리하게 통일되곤 합니다. 여론이란 게 형성되는 순간이지요.

　그런데, 이 여론의 향방을 자세히 들여다보면 사생활에 대한 평가가 큰 비중을 차지하는 걸 알 수 있습니다. 물론 선수들의 성적이 가장 중요하겠지만, 사생활을 칭송받는 선수는 비록 결과가 성에 차지 않더라도 조금은 관대한 여론이 형성되는 것 같습니다. 그 선수에 대한 안타까움의 감정이 묻어 있는 것이지요.

　반면에, 사생활에서 물의를 일으킨 선수들이 조금이라도 좋지 않은 결과를 냈다가는 무지막지한 비판을 각오해야 합니다. 감내하기 어려울 만큼 엄청난 욕을 먹지요. 이 같은 비판은 좋게 말하면 검증 시스템이고, 나쁘게 말하면 냄비 근성이라고 할 수 있습니다.

이처럼 사람은 반드시 본인의 능력으로만 판단되지는 않는 것 같습니다. 그의 인간성이나 심성, 주위의 평판 등이 가세해 성공의 척도가 되는 거지요. 비단 스포츠 선수뿐 아니라, 모든 분야의 사람들이 그런 식으로 평가받습니다. 연예인, 기업가, 예술가처럼 당연히 능력만으로 판단되어야 할 사람들에게 그들의 성격이나 개인적인 취향, 성실함 등이 평가의 중요한 기준으로 작용하는 것이지요.

이 같은 평가는 과연 온당한 걸까요? 연기자가 연기만 잘하면 되지 이혼을 열 번 하건 돈을 흥청망청 쓰건 무슨 상관이냐고 할 수 있을까요? 마찬가지로 축구선수가 골만 잘 넣으면 되지 음주운전을 하건 도박을 하건 아무 상관이 없을까요? 사람에 따라 여기에 동의할 수도, 동의하지 않을 수도 있습니다. 하지만, 인간으로서 기본적인 소양을 갖춰야 한다는 데에는 대체로 이견이 없지요.

'앙꼬(팥소) 없는 찐빵'이라는 말이 있습니다. 겉보기에 아무리 맛있어 보이고 좋은 재료로 찐빵을 만들었더라도 찐빵에 팥소가 없다면 말짱 헛일입니다. 마찬가지로, 인성과 성품이 아무리 뛰어나도 특출한 능력이 없다면 그 사람은 별 볼일 없겠지요. 능력은 어떤 사람을 판단하는 가장 중요한 잣대일 테니까요.

그런데, 조금 다르게 생각해보지요. 찐빵에 팥소가 없으면 분명 말이 안 되지만, 역으로 찐빵 살 또는 만두피 없이 팥소만 있다면 이게 상품가치가 있을까요? 찐빵 그 자체가 만들어지지 않습니다. 아무리 뛰어나고 값비싼 재료라도 팥소만으로는 '찐빵'의 가치를 만들 수 없습니다.

팥소 역할을 하는 게 그 사람의 능력이라면, 만두피나 찐빵 살은 그 사람의 성품이나 이웃과 더불어 사는 데 필요한 인성 등으로 비유될 것입니다. 맛있는 찐빵으로 세상에 내다 팔기 위해서는 팥소만큼이나 찐빵 살도 소중하듯이, 아이의 능력이 아무리 뛰어나도 인성을 갖추지 못했다면 제대로 된 인재로 대접받기가 참 힘들 것입니다.

팥소를 어떤 재료로 만들 것인지도 중요하겠지요. 좋은 재료를 써야 하는 것은 당연합니다. 팥소에 맞는 재료여야 하는 것은 말할 나위도 없고요. 단팥으로 만드는 소에 1++ 등급 한우 고기를 넣을 수도 없고 고기만두에 단팥 소를 넣는 것도 난센스입니다.

아이의 능력을 키우려면, 아이에게 맞는 내용으로 호기심을 가질 수 있게 해주는 게 우선일 것입니다. 키가 160cm밖에 안 되는 아이에게 덩크슛을 가르쳐보았자 제대로 농구를 할 리 없습니다. 그런 아이에게는 덩크슛보다는 중거리 슛을 가르쳐야 하고 센터보다는 가드 포지션을 맡겨야 합니다. 반면에 아주 장신인 아이에게는 덩크슛이 아이의 호기심을 자극할 수 있겠지요.

영재가 아닌 아이들에게 영재교육이나 조기교육을 시킨다고 해서 아이들이 영재로 변하지는 않습니다. 내 아이의 현재 모습을 보지 않고 부모의 희망사항에 아이를 끼어 맞추려고 해서는 안 되는 것이지요. 그러고 보면, 아이의 적성을 간파하고 잘 키우기 위해서라도 아이들과 함께 있는 것이 참 중요할 것 같습니다. 그래야 아이가 좋아하는 게 무엇인지, 능력은 어느 정도인지, 그리고 무엇이 단점인지를 정확하게 알아챌 수 있으니까요.

그렇게 해서 아이의 적성에 맞는 분야를 찾았다면 좀 욕심을 낼 필요도 있을 것 같습니다. 어찌 보면 그것이 조기교육이나 영재교육이 필요한 근거이지요. 본인이 잘할 수 있는 것을 더 하게 하면 보다 나은 성과를 낼 수 있습니다. 쉽게 말해, 밥 많이 먹을 수 있을 때는 밥을 많이 주자는 것입니다. 이럴 때 부모의 욕심은 좋은 역할을 합니다. 그 욕심을 통해 부모는 더 진취적이고 도전적으로 살아가면서 아이에게 동기를 부여해줄 수 있습니다. 적절한 경쟁심도 필요하겠지요. 바로 이런 것들이 남들에게 자랑해도 좋을 만큼 차별화되는 '팥소'를 만드는 비결일 것입니다.

인성을 충분히 닦았고 주위 사람들과의 나눔의 경험이 많은 아이들이라면 여기에 어떤 능력 하나를 얹어주려는 부모의 욕심은 아이의 삶에 도움이 될 것입니다. 욕심은 곧 삶을 살아내는 의욕으로 승화되기 때문이지요. '앙꼬 없는 찐빵' 같은 삶을 피하기 위해서라도 욕심은 꼭 필요합니다.

사람은 동전의 앞뒷면처럼 장점과 단점을 동시에 가지고 있습니다. 주위 환경, 즉 그것을 받아들이는 아이의 상황에 따라 부모의 욕심은 아주 좋은 것으로 여겨질 수도, 아니면 아이를 망치는 이유로도 작용할 것입니다. 그러면서도, 아이를 챙기는 부모님의 행동은 모두 정당하다고 저는 생각합니다. 단, 그 이유를 아이에게 합리적으로 설명할 수 있어야 하겠지요.

옛날에는, 아이가 근엄한 아버지를 믿고 가장의 뜻에 그대로 따라주는 게 아이를 키우는 묘미였을지 모릅니다. 하지만, 앞으로는 부모가 하는 모든 행동을 아이들에게 솔직하게 설명하고 함께 미래를 모색하는 게 아이를 키우는 참맛이 될 것 같습니다. 그러려면 모든 일을 앞뒤 상황을 봐가면서 적절히 조화시키는 유연성이 필요할 것이고, 본인의 생각을 차분하게 설명하는 습관도 부모는 물론 아이들에게 필요할 것입니다. 아이들과 친구처럼 다투고 논쟁하는 것 또한 '아이를 키우는 재미'가 될 테지요.

일승일패의 세상에
익숙해져라

사람이 살아가는 시간, 그리고 세상은 정말 다이내믹합니다.

어떤 때는 모든 것을 움켜쥘 정도로 세상을 호령할 것 같다가도, 어떤 때는 쥐구멍에라도 숨고 싶을 만큼 창피한 일도 생깁니다. 참으로 오락가락하는 삶이지요. 한동안은 마음먹은 대로 잘나가는 것 같은데, 갑자기 모든 게 틀어져버린 '안타까운 인생'도 우리 주위에는 적지 않습니다.

내가 어려운 시기를 보낼 때는 '지금 내 삶이 힘들구나'라고 정확히 판단하지요. 그런데 아이러니한 것은, 내가 행복한 시기를 살아갈 때에는 '본인이 행복하다'라고 느끼지 못합니다. 모든 게 완벽하게 마음먹은 대로 이루어지는 아주 특별한 경우를 제외하고는 자신의 삶을 투덜대면서 살다가, 나중에 시간이 지나면 '그때가 좋았지'라고 그리워하곤 합니다.

야구나 축구 경기를 볼 때도 그렇습니다. 우리 편이 지고 있을 때는 참 안타깝지요. 이제나저제나 상대편 따라잡을 때만 마음 졸이며 기다립니다. 그러다가 역전했을 때! 정말 짜릿한 기분을 느낍니다.

그런 찰나의 순간이 지나가면 이제는 지고 있을 때의 애절한 마음과는 전혀 차원이 다른 고통이 밀려옵니다. 다시 역전될까봐 불안하고 초조해지는 거지요. 분명히 지고 있을 때보다 행복해져야 하는데 전혀 그렇지 않습니다. 결국 게임이 끝나고 승리를 확인하고 나서야 겨우 마음을 놓습니다.

우리나라 사람들이 제일 좋아하는 프로 야구는 4월부터 시작해 9월 말까지 100게임 정도를 소화합니다. 그런 다음 정규 리그에서 가장 강한 팀끼리 맞붙는 코리안 시리즈에서 7번 싸워 4번을 먼저 이기는 팀이 챔피언이 됩니다. 아주 가끔 4번을 연속적으로 이겨서 그해의 우승 트로피를 가져가는 팀이 있지요. 하지만, 아무리 최강의 팀이라도 100번이 넘게 경기를 하는 정규 시즌에서 한 번도 지지 않고 우승하는 팀은 없습니다. 100년 넘은 역사를 자랑하는 미국의 프로 야구에서도 그런 적은 단 한 번도 없었지요. 아무리 최강의 선수들로 구성된 팀이라도, 선수들이 실수하거나, 아프거나, 감독이 작전을 잘못 짜서 지기도 합니다.

바로 그것이 세상살이와도 닮은 것 같습니다. 어느 누구도 항상 평탄한 삶을 살아가지는 않습니다. 좋은 일과 나쁜 일이 늘 반복되지요. 사람들은 이런 굴곡을 싫어합니다. 항상 행복하기만을 원하지요. 그래서 욕심을 부립니다. 열심히만 하면 100번의 게임에서 100번 모두를 이길 것만 같습니다. 지금보다 더 행복해지려고 기를 쓰고 노력합니다. 그러다 보니 무리수가 따를 수밖에 없습니다. 숨어 있던 불행이 고개를 내밀고 사방에 적이 생깁니다.

세상 그 어떤 일이라도 항상 내 마음대로 되지는 않습니다. 내가 남의 행복을 뺏을 때도 있듯이, 내 몫의 행복을 남이 가져갈 때도 있을 것입니다. 왜냐하면 사람의 삶은 '사람끼리 부딪치는 시간'이기 때문이지요. 그러므로 지금의 내 행복을 계속 유지하고 싶다면 내가 가진 행복을 남에게 나누려는 지혜가 필요할 것입니다. 죽자 사자 내 행복만을 움켜쥐며 사는 사람치고 끝끝내 행복한 사람을 여태 본 적이 없습니다. 자기보다 조금 더 큰 행복을 가진 사람이 나타나면 바로 불행해지기 때문입니다. 남의 떡이 더 커 보이는 거지요.

지난날보다 조금이라도 나아진 내게 만족하기

우리 아이가 반에서 일등을 했습니다. 엄마는 더 욕심이 났지요. '좋아, 지금부터는 전교 일등이다!' 이렇게 생각하는 부모님이 한 학교에 열 학급이면 열 명이요, 스무 학급이면 스무 명이지요. 실제로는 더욱 경쟁이 치열할 텐데, 그들 중 전교 일등의 기쁨을 누릴 사람은 1/10 또는 1/20에 불과할 것입니다. 그리고 나머지 아이들은 상대적으로 좌절감을 느끼겠지요.

그런데, 엄마의 욕심은 이게 끝이 아닙니다. 1/20의 기쁨을 누리는 것도 잠시, 아이와 엄마는 이번에는 전국 일등을 바랄 것입니다. 이를 위해 눈에 불을 켜고 더더욱 열심히 하겠지요. 그만큼 더 힘들고 지난한 과정이 될 것입니다. 포기해야 할 일도 많을 것이고요.

절대로 노력 그 자체를 부정하지는 않습니다. 하지만 전국에서 일등 할 사람은 같은 또래 중 딱 한 명뿐입니다. 결국은, 그 한 명이 못 된 게 아이와 엄마를 힘들게 하는 것입니다. 비록 전국 일등에는 실패했더라도 반에서 일등 했을 때 성적이 향상된 자신에게 만족하면 몸과 마음이 훨씬 가뿐할 텐데 말이지요.

반에서 5등을 했건 10등을 했건, 지난번 성적보다 나아졌다면 성공한 것입니다. 그 기쁨을 만끽하며 다음에는 지금보다 조금만 더 잘하는 것을 목표로 하면 어떨까요? 한 걸음 한 걸음 천천히, 그러면서도 꾸준히 걷는 것입니다. 행여 내가 원하는 것을 얻지 못할 수도 있습니다. 그럴 때라도 마음을 편하게 가지는 게 좋을 것 같습니다. 나는 조금씩이나마 계속 나아지고 있으니 언젠가는 또 기회가 올 테니까요.

어떤 때는 지기도 하고 어떤 때는 이기기도 하는 게 사람의 삶입니다. 개개인의 그런 순간들을 모두 합해보면 세상 사람들의 삶은 거의 비슷한 무게를 지닐 것입니다. 성공한 인생을 보냈건 슬픈 인생을 보냈건, 어느 누구의 삶이 더욱 무게 있고 값어치가 있다고 말할 수는 없습니다. 적어도 내게는 나의 삶이 가장 소중하기 때문입니다.

그냥 현재를 즐기시고 편하게 생각하세요! 내가 행복해야 내 아이들도 행복해진다고 믿으세요! 너무 뜬 구름 잡는 이야기일 수도 있겠는데, 어쩌면 이게 가장 현명한 세상살이일지도 모르겠습니다.

길이 아닌 길도 걸어봐야 하는 이유

특별하게 하늘의 총애(?)를 받지 않은 이상, 사람은 자신이 원하는 걸 모두 얻을 수는 없습니다. 아니, 원하는 것을 얻기보다는 그렇지 못한 경우가 훨씬 많겠지요. 그럼에도 사람의 마음이란 참 기묘해서 내가 가진 것은 조그맣게 보려 하고 내가 가지지 못했거나 가지는 데 실패한 것은 엄청 크게 보곤 합니다.

게다가, 그 같은 욕심과 회한은 점점 커져만 갑니다. '나는 다음 날을 위하여 한 길은 남겨 두었습니다.'라고 노래한 어느 시인의 '가지 않은 길'에 대한 아쉬움과 궁금함처럼, 내가 선택하지 않았거나 이루지 못한 것에 대해 우리의 마음이 얽매이는 거지요. 문제는 그것이 점점 커져서 나를 짓누르고, 마침내 내 가족은 물론 주위 사람들에게까지 피해를 줄 수도 있다는 점입니다.

의학적으로 조울증은 '조증'과 '(우)울증'으로 나뉩니다. 일반적으로 사람들은 '내가 왜 이럴까?', '나는 정말 아무것도 못하는 인간이 아닐까?' 하는 생각을 할 때가 있습니다. 그러다가도 '세상이 참 아름답고', '주위의 사랑을 모두 빨아들일 것만 같은 나'를 느끼기도 합니다. 이런 감정의 굴곡이 적절히 섞이면서 사람은 살아가는 거지요. 이게 정상입니다. 그런데, 이런 조화가 어떤 이유에 의해 깨져서 매일 슬프든지 아니면 매일 행복하기만 하다면 병에 걸리게 되지요.

아마도 '지금의 나'를 사랑하는 습관을 들이지 못한 게 조울증의 가장 큰 원인이 아닐까 생각합니다. 현재의 자신을 긍정하지 않는 한 스스로에게 만족할 수 있는 순간은 평생 찾아오지 않을 것입니다. 남보다 항상 앞서야 한다는 강박관념 자체가 사람을 엄청 지치게 만들지요. 그렇게 앞서서 뭐할 것인지도 문제겠지만, 언젠가는 나보다 잘난 사람이 내 앞에 나타나 나를 불행하게 만들 게 틀림없습니다.

'나를 아끼고 사랑하는 습관을 들이자!'

말로는 굉장히 쉽습니다. 하지만, 애당초 '습관'이란 게 쉽게 만들어지지는 않습니다. 다만 한 가지! 실패를 두려워하지 않는 마음가짐이라면 한번 해볼 만한 것 같습니다.

'선택을 잘못해 인생을 실패했다'고 하는 말을 자주 듣습니다. 그런데, 잘되지 않기 위해 어떤 길을 선택하는 사람은 아무도 없습니다. 누가 봐도 명백하게 나쁜 길을 선택한 사람일지라도, 그 이면에는 반드시 어떤 이유가 숨어 있기 마련이지요. 예를 들어, 내 아내를 위해 그랬다든지, 먹고 살기 위해 어쩔 수 없었다든지…….

그럼에도, 선택의 아쉬움이 느껴지는 것은 그것을 선택했기 때문이 아니라 어떤 것을 '선택하지 않았기' 때문인 경우가 거의 대부분이라고 여겨집니다. 아무리 가시밭길일지라도 내가 선택하지 않은 방법이거나 가보지 않은 길이라면 동경을 하게 되는 이치이지요.

그런 이유로! 시간의 여유가 있다면 잠깐 '맛보기'로라도 가지 않았던 길을 다녀오는 게 좋을 것입니다. 물론 그 길이 별 볼일 없다면 얼른 돌아와서 가던 길을 계속 가야지요. 인생의 실패는 그래서 '실패'가 아닙니다. 적절한 실패가 오히려 삶을 후회 없이 사는 데 아주 좋은 약이 된다고 우겨봅니다.

행복과 불행의 양은 누구에게나 똑같다

사람들은 실패를 참 두려워합니다. 물론, 항상 힘든 일만 연이어 생기거나 반대로 좋은 일만 계속해서 생기는 경우는 거의 없습니다.

그런 생각으로 주위를 돌아보면 아무리 행복해 보이는 개인이나 가정도 나름대로 고민을 다 가지고 있습니다. 돈은 많지만 부모 자식 사이가 엉망인 집, 부유하고 부모 자식 사이가 화목한데도 식구가 만날 병에 시달리는 집, 학벌은 좋은데 돈이 없는 집 등등 참으로 다양한 조합의 고민들을 안고 살지요.

그런데 바로 이게 사는 맛 아닐까요? 슬픔의 경험이 없다면 기쁨이 찾아와도 '이게 기쁨인지 뭔지'조차 참 헷갈릴 것 같으니까요. 아니, 늘 슬픈 일만 생기는 것처럼 보이는 것은 슬픔의 중간중간에 끼어 있는 기쁨을 보려고 하지 않기 때문은 아닐까요?

결국, 사람이 행복할 수 있는 양과 불행해야 하는 양도 똑같다는 생각이 듭니다. 그러므로 지금까지 실패하는 삶을 살았다고 생각되면 더 이상 우울해하지 마세요! 앞으로는 좋은 일만 남아 있을 테니까요. 마찬가지로, 미리미리 실패하는 습관을 들여 보세요! 앞으로 살아갈 날들이 즐거워질 것입니다.

다른 사람들은 굳이 신경 쓸 필요 없습니다. 그들은 벌써 한참을 앞서 갔다고요? 그런 걱정은 하지 마세요! 그 길은 내가 갈 길이 아니니까요!! 나와 똑같은 얼굴과 똑같은 성격을 가진 사람은 이 세상에서 나 하나밖에 없습니다. 다른 사람은 자신의 길을 찾아갔을 뿐이니 "잘 가라."고 하면 그만입니다. 지치면 쉬었다가 가도 좋고, 실패를 만나더라도 어차피 나중에 마주칠 실패를 미리 만난 것이니 겁먹지 마시고요. 그렇게 선택에 대한 불안 없이 묵묵히 길을 걷다 보면, 어느새 조용히 내 곁에 다가와 있는 행복의 문을 발견하게 될 것입니다.

멀리만 보면
가까운 곳이 안 보인다

　운전을 배울 때 교습 선생님들은 시야를 넓혀야 한다고 거의 노래를 부릅니다. 가까이 있는 것만 보지 말고 멀리 있는 것도 보고, 주위 교통 상황도 파악하면서 운전하라는 거지요. 교습 선생님의 그런 잔소리가 정말 귀찮고 때로는 무섭기까지 합니다. 자기들은 날 때부터 운전을 아주 잘했나, 하는 생각마저 듭니다.
　하지만, 운전면허를 막 취득한 사람들은 교습 선생님의 훈계를 떠올릴 마음의 여유가 없습니다. '초보운전'이라고 큼지막하게 붙여놓아도 뒤에서는 계속 빵빵대지요. 추월은 예사인데다가 옆을 지나가면서 째려보거나 삿대질하지요, 길거리에 있는 사람들은 무턱대고 차 앞으로 뛰어들지요……. 정말 식은땀이 납니다.

그럼에도 워낙 배우고 싶었던 운전인지라 모진 천대와 시련을 꾹꾹 참습니다. 그러면서 차츰 운전이 재미있고 자신이 붙게 되지요. 그런 어느 날, 큰 맘 먹고 친구들을 태워 장거리 드라이브를 다녀오는 데 성공하게 됩니다. 이때의 성취감은 이루 말할 수 없지요. '운전 참 얌전하게 한다'라는 동승자의 칭찬에도 우쭐해지지요. 올챙이가 개구리로 거듭나는 순간입니다. 바야흐로 '초보운전' 딱지를 떼도 좋을 때가 찾아온 것이지요.

그러다 보니 이제 끼어들기도 점점 능숙해지고, 쌩쌩 달리면서 늑장 피우는 운전자를 째려보고 가끔 삿대질하는 것도 잊지 않지요. 이 경지에 도달하니 운전하면서 딴짓을 하는 데도 아무 거리낌이 없습니다. 핸드폰을 받고, DMB도 보고, 옆 사람과 떠들기도 하지요.

그러다 접촉사고를 몇 번 냅니다. 초보 운전자가 옆에서 갑자기 끼어드는 바람에 '쿵', 주위를 확인하고 능숙하게 법규를 위반하다 골목에서 튀어나온 자동차와 '쿵', 주차를 잘하고 별 생각 없이 문을 열었는데 어디선가 자전거가 나타나 문짝에 '쿵'……. 운전 시야는 아주 넓어졌는데, 정작 가장 가까이에 있는 것을 보지 못해 사고를 내고 맙니다.

초보일 때는 한 번도 사고를 내지 않았음에도 운전이 능숙해진 후 몇 번 사고가 나면, 그동안의 자신감이 흔적도 없이 사라져버리고 한동안은 운전대 잡는 것조차 두려워집니다.

하지만, 이 단계를 지나면 그때부터 다시 덤덤해지지요. 그 대신 주의 깊게 운전하게 됩니다. 드디어 베스트 드라이버가 되는 것이지요.

사고가 났는데도 불구하고 여전히 제 버릇 못 고치는 경우도 있기는 합니다. 평소에는 얌전한 성격이지만 운전대만 잡으면 딴 사람으로 변하는 거지요. 폭주족의 탄생입니다.

가장 사랑하는 사람이 가장 아프게 한다

사람 사는 세상도 운전을 배우는 과정과 비슷하지 않을까, 라는 생각을 해봅니다.

인생의 큰 목표를 가진 사람들은 정말 열심히 살아갑니다. 그 꿈을 이루기 위해 차근차근 자신의 목표에 다가가지요. 뛰어난 운전자가 되려면 멀리 보아야 하는 것처럼, 원대한 목표를 세운 후 자기관리에 투철하고 모범적인 생활을 합니다. 항상 절제하고 노력하는 그를 주위에서도 인정하고 이끌어줍니다. 그에게는 이제 사회에 나가서 승승장구할 일만 남았을 뿐 아무 걱정도 없어 보입니다.

하지만, 정작 나를 힘들게 하는 문제는 '내 가까이'에 있습니다. 나를 아껴주는 이에게 이끌려 함께 일을 도모하게 마련인데, 끌어주는 사람이 여럿 있는 게 문제가 되지요. 각자의 생각들이 다르기 때문에 결국 한 사람 말만을 따를 수밖에 없습니다. 졸지에 나를 아꼈던 다른 사람들에게는 욕을 먹게 되고 심지어는 배신자로 낙인이 찍히기도 합니다. 이 과정에서 많은 갈등과 아픔을 겪게 되지만, 베스트 드라이버가 되느냐, 아니면 폭주족이 되느냐를 내가 선택하듯이, 결국은 자신의 길을 스스로 결정하게 됩니다.

아이들의 행복을 바라지 않는 부모가 어디 있으랴마는 지금 당장 내 아이를 행복하게 해주지는 않습니다. 마치 운전교습 선생님 같지요. 공부해라, 집에 일찍 들어와라, 게임하지 마라 등등 잔소리가 먼저 입 밖으로 나가고, 이것을 다 '아이의 앞날을 위해서'라고 생각하지요.

이런 모습들을 마냥 부정해서는 안 될 것입니다. 내가 가장 사랑하는 사람이 나를 가장 아프게 하듯이, 아이들 곁에 가장 가까이 있는 부모가 아이들을 힘들게 합니다. 이게 모두 아이들 미래를 가꾸어주기 위해서지요. 그렇게 부모와 부딪히면서 아이들은 커갈 것입니다.

하지만, 아이가 커서 세상을 알게 된 어느 순간부터는 아이 스스로 자신의 길을 선택할 것입니다. 그때가 되면 부모님들은 그저 바라만 볼 수 있는 '공력'을 가지셔야 할 것 같습니다. 아이가 어떤 길을 택하든지 간에요…….

지금 내게 소중한 것들

세상에서 정한 기준들은 대개 상대적인 것들입니다.

나는 그 사람에게 신의를 지키는 행동을 했는데, 바로 그 때문에 다른 사람에게 비판받는 경우가 허다합니다. 나는 그 사람을 믿었을 뿐인데, 결과적으로 그 믿음이 또 다른 사람에게 피해를 주는 경우도 있지요. 이런 일들은 수도 없이 일어납니다. 저마다 상대적인 판단 기준을 가지고 얽혀 있으니, 적이 생길 수밖에 없지요. 내가 아무리 선하게, 내 딴에는 사심 없이 세상을 살고자 노력해도 남들은 나를 그렇게 보지 않습니다.

위로 올라가면 올라갈수록, 정의감이 강해지면 강해질수록, 책임감이 투철하면 투철할수록, 자신에 대해 엄격하면 엄격할수록 주위에서는 나를 더욱더 경계하지요. 조직이나 집단 내에서 나는 어느새 오만한 사람이 되어 있습니다. 옛날에는 안 그랬는데 이상해졌다고도 합니다. 그러면서 내 주위에 있던 사람들이 차츰 떠나게 됩니다. 나중에는 아무도 남아 있지를 않지요. 내 스스로는 예전이든 지금이든 별로 변했다고 느껴지지 않는데……

이런 상황이 되면 참 외로울 것입니다. 정의로운 나를 이해 못 하는 사람들이 야속하고 속물처럼 보여 짜증이 납니다. 그 와중에 지금까지 소중히 간직해온 '원대한 목표'를 내려놓고도 싶어지지요. 그냥 내 것이나 챙기면서 속편하게 살려고 합니다. 현 상황에서 내가 할 수 있는 일에만 신경 쓰고 싶어집니다. 어쩌면, 그간의 삶에 환멸을 느껴 훌쩍 떠나서 전혀 다른 분야 일을 하고 싶기도 하지요. 그렇지만 누가 뭐라고 하건 지금까지의 길을 가야 할 필요도 있겠지요. 우리는 여전히 선택을 해야 됩니다.

어떤 판단이 옳고, 어떻게 대처할지는 사람마다 생각과 환경이 너무나도 다르기 때문에 참 어렵습니다. 적어도, 너무 멀리에 있는 목표 때문에 당장의 내 현실 그리고 내 곁에 있는 소중한 이들과의 시간을 희생하는 것은 제가 생각하기에 별로인 것 같습니다. 삶의 목표도 중요하지만, 오늘 하루를 살아야 하는 의미와 행복을 소홀히 해서는 안 될 것이기 때문입니다.

부모님이 남기시는 마지막 선물

우리 장모님은 '질병 백화점'입니다. 젊으셨을 때 건강을 해치신 후 회복을 못 하셨지요. 머리부터 발끝까지 열 가지도 넘는 병마에 시달리십니다. 급기야는 뇌졸중이 와서 지금은 거동조차 많이 불편하십니다. 장모님을 돌볼 사람이 없다는 게 큰 문제이지요. 처갓집의 큰 처남은 선장님이시라 일 년에 한 번 정도만 휴가를 나오고, 배가 한국에 들어왔을 때 잠깐씩 얼굴을 볼 수 있을 뿐이지요. 큰아주머님은 직장에 다니시고 아이들도 고등학생이기 때문에 정신없이 지냅니다.

결국 전업주부인 제 아내가 장모님을 돌보는 중차대한 역할을 떠맡게 되었습니다. 남편인 제 입장이야 어떨 때는 짜증이 나지요. 무엇보다 아이가 학교에서 돌아와도 맞아줄 사람이 없어져버렸어요. 아내가 병원에서 살다시피 하니까요. 어쩔 수 없이 아이의 친할머니가 챙겨주시곤 하는데, 아내는 많이 고마워하면서도 몸 둘 바를 몰라 합니다.

정작 자신이 힘들어하는 것은 해결할 엄두도 못 내면서요…….

뇌졸중이란 게 계속 진행되다 보면 거동을 못 하고 전신이 쇠약해집니다. 그러다 감기 같은 호흡기 질환이 폐렴으로 발전해 세상을 떠나시게 되지요. 며칠 괜찮다가도 상태가 급변하는 경우도 허다하고요. 그래서 늘 마음을 못 놓고 있습니다. 장모님 간병으로 바쁘고 힘든 나날을 보내는 아내를 보면 안쓰럽기가 그지없습니다. 장모님은 그런 딸을 보면서 더욱 마음이 아프실 것입니다.

힘들게 숨 쉬며 병마와 싸우시는 장모님을 보면 저나 아내나 무엇이든지 해드리고 싶어집니다. 하루에도 몇 번씩 이런 생각이 들지만, 정작 행동은 마음을 따라가지 못합니다. 어쩌겠어요, 제 운명이라 여길 밖에요.

저는 10년 만에 연구년을 맞게 되어 원래는 일년 동안 미국에 가 있으려고 했습니다. 그런데 장모님이 아프신 바람에 모든 계획이 틀어졌지요. 문제는, 국내에서 연구년을 보내다 보니 일이 자꾸 늘어난다는 점입니다. 자연스레 일은 더욱 늘어나고 그러다 보니 마음 편할 날이 거의 없습니다. 이런 스트레스가 처갓집에 대한 원망으로 고스란히 옮겨가곤 하지요. 그럴 때마다 아내에게 불평을 늘어놓곤 하는데, 그러면 아내는 아무런 말도 못 하고 슬퍼만 하지요. 아내는 아내대로, 또 저는 그런 아내를 좀 더 배려해주지 못해 서로 속상해합니다.

그런 어느 날, 아내 친구로부터 전화가 왔습니다. 아내의 지금 상황을 아주 잘 알고 있는 학부모이지요. 그분은 '부모님이 돌아가시는 것은 모든 사람이 한 번씩은 반드시 겪는 일'이라며 아내에게 이렇게 위로해주었다고 합니다.

"어쩌면 부모님을 간병하는 일은 그간 부모와 자식 사이에 있었던 갖가지 일들을 녹일 수 있는 마지막 기회일 거야."

병간호라는 것 자체가 해주는 사람은 물론 받는 사람에게도 큰 부담입니다. 하지만, 그 시간을 함께 보내면서 아픈 부모는 부모대로 자식에게 고맙고 미안한 마음을 통해, 또 간병하는 자식은 자식대로 마지막 가시는 길을 편하게 해드리겠다는 뒷바라지와 슬픔의 마음을 통해 응어리를 녹일 수 있다는 의미이겠지요.

부부간의 갈등도 이 같은 시련을 통해 오히려 좋아질 수 있겠다는 생각을 해봅니다. 서로에 대해 푸념할 일도 있겠지만, 동시에 푸념을 통한 대화의 시작이 갈등을 해소하는 단초가 될 수도 있을 것입니다. 나를 낳아주신 부모도 아닌데 신경 써주는 아내나 남편을 보면서, 이것이 훗날 내 차례가 되었을 때 배우자에 대한 믿음으로 승화될 수 있겠지요.

우리도 언젠가는 부모님이 가신 뒤를 따라야 하겠지요. 아이들은 이 세상에 남아 우리를 보낼 것이고요. 아마도 이런 화해의 경험이, 먼 훗날 아이들과의 이별의 순간에 우리의 마음을 조금은 더 편하게 해줄 것 같습니다. 바람직한 것은, 삶의 마지막 시기에 화해할 게 아니라 부모님 병드시기 전에 마음속 짐을 남기지 않기입니다.

우리 아이들도 비슷한 생각을 할지 모르겠습니다. 아무리 부모님을 속상하게 해도 아이들 마음속에는 부모님께 죄송스런 마음이 있을 것 같아요. 적절한 때가 오면 아이들에게 먼저 손을 내밀어야 하겠지요. 아이들에게 부모님은 영원한 '후견인'이니까요. 아이가 자신의 삶을 위해 어떤 결정을 하든지, 그것을 다 받아들여주고 이해해주어야 하는 것이 부모의 숙명인지도 모르겠습니다.

시련은 분명히 시련입니다. 이것을 즐기라는 것은 위선이고, 어찌 보면 세상의 격문檄文일 뿐이지요. 그런데 시련은 극복하는 게 아니라 '품어야 할' 대상 같습니다. 시련을 받아들이면서 우리는 자신을 되돌아보고 내게 정말로 소중한 것이 무엇인지 생각할 기회도 갖게 될 것입니다. 결과적으로, 시련 그리고 아주 가까운 사람에게 듣는 잔소리, 여기에 부모와 아이들 간의 생각의 차이조차 스스로의 삶을 찾는 데 큰 도움을 주는 '쓴 약'이 되지 않을까요?

세상 모든 것에는 힘들고 나쁜 면이 있는 한편으로, 아름답고 좋은 면도 있는 것 같습니다. 어려움이건 즐거움이건, 멀리 있건 가까이 있건, 그 안에 숨어 있는 가르침을 차분히 들여다볼 수 있다면 우리의 삶은 더욱 풍요로워질 것입니다. 교습 선생님께 잔소리 들으며 운전을 배운 후에 선택하는 운전자의 길이나, 부모님 잔소리를 들으면서 자란 후 내가 걸어갈 길을 정하는 것이나 근본 이치는 크게 다르지 않겠지요. 결국 그 와중에 배움을 얻은 데 대한 고마움이 있을 것이고, 가르친 사람은 그 모습을 지켜보며 보람을 찾겠지요.

내 자신에 대해, 그리고 서로에 대한 인내가 참 소중하게 느껴집니다. 가까운 것을 소중히 하는 마음이 인내심을 키우는 데 도움을 주고, 그것은 어쩌면 먼 길을 가기 위한 가장 효과적인 무기로 쓰일 것 같습니다. 내게 소중한 만큼 그로 인해 온갖 시련을 견디는 힘을 얻게 되는 것이지요.

아이가 세상에 나가기 전에
해줄 일들

지금은 안 그렇지만, 우리 집은 아이 엄마가 식구들 밥 치다꺼리하면서 하루를 다 보냅니다. 새벽부터 일어나 설치는 저와 아침 일찍 등교하는 고등학생 큰아들을 위해 아내는 하루에도 거의 7~8번 아침, 점심, 그리고 저녁상을 차립니다.

그러던 게 요즘은 아내의 '밥순이' 생활이 조금 편해졌습니다. 큰아들은 만화를 배우러 일본에 가 있습니다. 그래서 둘째에게만 식사 시간을 맞추면 됩니다. 또 어머니는 작년부터 잠시 분가해 계십니다. 자주 집에 오시긴 해도 둘째 아들과 같이 도란도란 저녁 식사하시는 게 전부입니다. 정신없이 밥 지을 일은 당분간 사라진 거지요. 다 시기가 따로 있나 봅니다.

인생의 길목에서 길을 잃지 않으려면

엄마의 중요한 역할 중 하나가 아이들 밥 제때 먹이는 것이듯이, 아이들 활동의 모든 초점은 대학 들어가는 데에 맞춰져 있습니다. 그래서 그런지 우리 대학에 막 들어온 아이들을 가만히 보면, 대개는 정신적으로 지쳐 있습니다. 그도 그럴 것이 짧게는 6년, 길게는 8~9년 이상 대학 하나만 바라보고 준비해 왔으니 당연하겠지요.

학교와 학원 공부가 끝날 때쯤이면 아이들은 대개 지치거나 맥이 빠집니다. 지친 상태에서는 일단 잠 좀 푹 자고, 맛있는 것 먹고, 그리고 좀 쉰 다음에 무언가를 해야 하는데, 전혀 그러지를 못합니다.

어릴 때는 어쩔 수 없다 하더라도 대학에만 들어오면 아주 여유로운 세상일 것 같지요? 실상은 전혀 그렇지 않습니다. 자신을 추스를 시간도 없이 대학 생활이라는 새로운 환경에 빠져듭니다. 마치 감옥에서 막 탈출한 죄수가 변한 사회에 '헉헉대는' 것처럼요.

지금까지는 부모님이 뒤에서 떠~억하니 지켜주었고, 어느 정도 '놀 범위'마저 알려주었지요. 그러다 아이가 대학에 들어오면 '이제 네가 알아서 해'라며 순식간에 사라져 버리십니다. 그 빈자리에는 친구들로 채워지지요. 당연히 뭔가 다릅니다. 부모 자식 간의 상하관계가 아닌, 친구들과는 수평적인 인간관계가 맺어지기 때문이지요.

이게, 아무 생각 없이 시키는 대로만 하면 되는 상황과는 전혀 딴판이지요. 친구들은 상대의 신변잡기에 관한 한 본인 의견을 존중합니다. 그러다 보니 내가 '놀 범위'가 어디까지인지 잘 모릅니다. 한편으로는 끝까지 '가보고' 싶은 호기심도 생깁니다. 결국 그러다 보면 놀다가 진이 다 빠지고 맙니다. 밤새 술 마시고 다음 날 아침에 또 해장술을 찾다가 건강을 제대로 해치는 격이지요.

갑작스런 환경 변화는 누구에게든 혼란을 초래하기 마련입니다. 사방이 온통 흐릿해 어디로 가면 좋을지 갈피를 잡기 힘듭니다. 하지만, 아이들이 사회에 본격적으로 나오기 이전에 차근차근 단계를 밟아왔다면 그리 문제될 일은 없을 것입니다. 어려서부터 조금씩 풀어주면서 세상 체험을 시키는 것이지요. 그것이 급격한 환경 변화 속에서도 나를 잃어버리지 않는 방법입니다.

그럼에도 요즘 아이들에게 주어진 환경은 삶의 여러 과정을 소화해내기에는 참으로 버겁습니다. 한두 해로 끝나는 문제도 아니고, 공부할 시간을 쪼개고 쪼개서 세상살이를 익혀야 되니 말입니다. 물론, 모범답안 정도는 떠올릴 수 있겠지요. 적어도 지금과는 상당히 다른 패턴으로 어려서부터 단계적으로 접근해야 할 것 같습니다.

아이들은 자기 일을 즐길 수 있어야 한다

과연 이런 방법이 아이들에게 세상살이를 알려주기 위한 모범답안이 될 수 있을까요? 한번 생각해봅니다.

1. 초등학교 저학년 때까지

우선, 아주 어렸을 때부터 초등학교 저학년 때까지는 본인이 좋아하는 것을 자유롭게 해보게 하고, 친구와도 많은 이야기를 나눌 기회를 주는 게 좋을 것 같습니다. 초등학교 저학년 때 친구들과 수다를 떨면서 사귀는 버릇을 들인다면, 나중에 사춘기 때나 대학생 시절에 의사표현을 하거나 사람들과 소통하는 데 많은 도움이 되겠지요.

2. 초등학교 고학년~중학교 저학년

초등학교 고학년 때부터 중학교 때에는 '집중의 습관'이 중요할 것 같습니다. 좋아하는 것에 재미를 붙이면서 무엇이건 자신이 필요하다고 느낀 것에 빠져드는 시기이지요. 공부하는 습관과 책 읽는 습관이 여기에 포함되면 더할 나위 없겠지요. 이때, 어떤 것을 선택하고 원하더라도 아이에 대한 무한한 신뢰를 부모님이 보여주셨으면 합니다. 그러면서도 가끔은 '나쁜 아빠'와 '나쁜 엄마'가 되어 자신의 행동에 대한 책임이 있다는 것을 아이에게 보여줄 필요도 있습니다.

이 시기에 외형적인 성적 향상을 지나치게 강제하는 것은 오히려 역효과를 내고 부작용을 초래할 것입니다. 초등학교나 중학교 저학년 때 '성적을 날렸던' 아이들이 막상 입시에서는 좋은 성적을 거두지 못하는 경우가 정말 많습니다. 아주 특별한 아이를 빼고는 고등학교 때 두각을 나타내는 아이들이 결국 대학 입시에도 성공한다는 사실은 시사하는 바가 크지요.

3. 중학교 2~3학년 때

중2나 중3 때는 사춘기에 해당하기 때문에 주위 환경에 굉장히 민감합니다. 아이들이 너무 스트레스를 받지 않도록 해야 하지요. 더불어, 스트레스를 이길 수 있게끔 이야기를 많이 들어주고 부모에게도 수다를 떨게 하는 게 좋습니다. 엄마는 아이와 학교 이야기를, 아빠는 세상 이야기를 나누는 것도 하나의 방법이겠지요. 또 이때부터는 학교 공부도 조금씩 신경 쓰게 해야 할 것 같습니다. 단, 자신의 취미를 가꿀 기회를 주는 것 또한 공부 습관만큼이나 중요하지요. 아이를 키우면서 가장 힘들고 중요한 시기가 바로 이때인 것 같습니다. 자아 형성의 시기이니까요.

그리고 중학교를 졸업할 무렵에는 '무엇인가 해야겠다'라는 생각 그리고 '해볼 만하다'라는 자신감이 가장 중요할 것 같습니다. 이 두 가지만 갖출 수 있다면 이 시기를 아주 성공적으로 보낼 수 있을 것입니다. 여전히 공부는 습관을 들이는 데에 집중하고 그 대신 아이들이 호기심을 느껴 뭔가 해야겠다는 마음을 가지게 하는 것, 즉 '하고 싶은 것'을 생기게 하는 게 중요합니다. 다만, 그 하고 싶은 것은 초등학교 때 느꼈던 '재미'가 아니라 '열망하는' 수준이어야 되겠지요.

이렇게만 할 수 있다면 중학 생활을 통해 아주 경쟁력 있는 아이로 자라게 되지 않을까요? 학교 성적은 중2 무렵부터 '저번보다 나은 성적'을 아이들 스스로 자랑할 수 있는 분위기를 꼭 만들어 주시는 게 어떨까요? 아직은 길게 봐야 할 때이고 조금씩이나마 계속 나아질 수만 있다면 두려울 게 없으니까요.

4. 고등학교 시절

그러고 나서 아이들은 고등학교 1학년을 맞게 되겠지요. 이때부터는 아무 생각 없이 자신이 필요하다고 마음먹은 일에만 몰입할 수 있도록 해주는 게 가장 좋을 것 같습니다. 이 시기에 자신의 적성을 찾거나 어느 분야가 좋을지 고민하는 것은 늦은 감이 있습니다.

고등학교 2~3학년 때에는 머릿속을 완전히 비운 상태에서 자신이 필요성을 느끼는 분야에만 집중해야 할 것입니다. 머릿속을 가볍게 해 공부나 아니면 다른 특기 개발에 몰입하는 것이지요. 이때는 아이들이 자신의 일에 성취감을 느낄 수 있도록 부모님이 아량의 지혜를 발휘하는 게 도움이 될 것입니다.

이렇게 해서 고등학교를 졸업할 때까지 자신이 집중한 분야, 본인이 원했던 일에서 일정한 성과를 내고 그에 대한 성취감을 느낄 수 있다면, 아이들은 이제 '사회로 나갈 준비'를 끝낸 것으로 여겨도 될 것 같습니다. 어쩌면 그것은 좋은 대학에 들어가는 것만큼, 아니 그보다 훨씬 더 중요할 것입니다.

이 모두가 '본인이 무엇을 좋아하는지'를 알게 해주는 일련의 과정입니다. 책 전편에서 여러 번 말씀드리고 있습니다만, 내가 좋아하는 것을 알아야 그것을 찾으려 노력하고 '올인' 할 수 있지요. 이이들이 무언가를 이루기 위한 필요충분조건인 셈입니다.

의무감이나 사명감으로 자신이 해야 할 일을 결정하는 세상은 한참 전에 지났습니다. 이제는 '취미가 곧 직업'인 시대, 즉 전문성의 시대로 바뀌었습니다. 아이들이 자기 일을 즐길 수 있어야 하지요. 물론, 아이들에게 이렇게 해주는 것은 '대학 입시'에는 별 도움이 되지 않을 수도 있습니다. 하지만, 아이들의 삶의 질이 높아지고 행복해지기를 바란다면 작은 조언 정도는 충분히 될 것입니다.

보통 사람들이
중심이 되는 세상

한국 전쟁의 폐허에서 우리는 불과 반세기만에 눈부신 발전을 이루었습니다. 나라가 잘살게 되니 국민의 의식과 생활 수준도 덩달아 높아졌지요. 군사 쿠데타로 나라가 좌지우지된 적이 참 옛날같이 느껴지고, 그동안 '우리도 한번 잘살아보세!'라는 염원을 이룬 사람들도 꽤 있습니다.

우리나라 사람들이 부의 축적을 위해 가장 선호해온 재산증식 수단은 주식과 부동산입니다. 외환위기 때처럼 일시적으로 금이나 외화가 반짝 인기를 끈 적이 있어도, 이들 두 가지 재테크 수단은 온 국민들의 변함없는 사랑을 받아왔지요. 비록 그렇게 해서 큰돈을 번 사람들이 졸부나 복부인 취급을 받기는 해도 다들 마음속으로는 엄청 부러워합니다.

'욕하면서 배운다'라는 말이 있지요. 부동산이나 주식 투자 수익을 불로소득으로 평가절하하고 노동의 신성함을 소리 높여 외쳐보지만, 월급봉투가 두툼하지 않은 대다수 우리 이웃들은 결국 그들 졸부의 길을 뒤따라갈 수밖에 없습니다. 스스로 '개미' 혹은 '투기꾼'이 되는 순간입니다. 이들에게는 소위 '큰손'이 부러울 따름이겠지요.

수적으로 압도적인 개미들은, 이리저리 쏠리기를 되풀이하다가 시간의 흐름 속에서 수도 없이 사라집니다. 개미들이 죽어가면서 남긴 '진액'들은 어디론가 모이고, 그렇게 모인 진액은 결국 큰손들의 차지가 되지요. 하지만, 큰손들이 판치는 세상이 슬프기는 해도 이를 거스르기는 쉽지 않습니다. 약육강식의 생존법칙이 지배하는 세상에서는 '알고도 당하는' 것이 개미들의 운명이고 애절함이니까요. 말하자면, 인생의 질곡 같은 거지요.

티 안 나는 사람들에 의해 세상은 돌아간다

개미와 큰손처럼 슬픈 관계는 사회 곳곳에 존재합니다. 학교에서는 우등생과 열등생, 사회에서는 가진 자와 못 가진 자, 집단에서는 주류와 비주류……. 심지어 일상에서조차 이러한 이분법적 분류는 흔하디 흔합니다. 금연자와 흡연자, 배부른 자와 배고픈 자, 안경 쓴 사람과 맨눈인 사람 등등 세상의 그 무엇이든 '예/아니오' 식의 분류가 가능한 것처럼 보이지요. 그에 따른 우리 사회의 패거리 의식도 우려스러울 만큼 만연돼 있습니다.

그런데 실제로는 세상의 온갖 사물이 꼭 그렇게 양 극단으로 나뉘는 것은 아닙니다.

개미와 큰손의 부류에 속하지 않는 사람도 부지기수이고, 우등생도 열등생도 아닌 평범한 학생들이 절대 다수를 차지하지요. 주류와 비주류의 구분 또한 '적절히 음주하는' 사람들의 숫자가 훨씬 많습니다. 공부할 때에만 안경을 쓰는 사람, 또 술을 마실 때에만 담배를 피우는 사람 등등 이도 저도 아닌 계층이 꽤 있는 거지요.

문제는, 사람들은 어느 쪽에도 속하지 않는 대다수 중간 부류의 입장과 생각은 잘 보지 않는다는 데에 있습니다. 티를 내는 양 극단만 보고 난리이지요. 중간 부류에 속해 있는 대다수 사람들도 마찬가지로, 양쪽 끝에서 목청을 높이는 사람들에게만 눈길을 줍니다. 그들이 양 끝에서 세상을 앞뒤, 혹은 좌우로 이끈다고 착각합니다.

단언하건대, 세상은 티 안 나는 사람들에 의해 돌아갑니다.

아무리 양 극단에 있는 사람들이 세상을 뒤흔들더라도 이 세상을 지배하는 것은 중간 영역에 있는 평범한 사람들입니다. 바로 보통 사람인 백성이 세상의 주인입니다. 극단적이 아니라서 티가 나지 않고 무시당할 때도 많지만, 결국 그들이 세상을 만들지요.

바야흐로 그런 사람들이 존중받는 사회가 다가오고 있습니다. 그들

평범한 사람들은 티 하나 내지 않고 자신의 일을 묵묵히 해나갑니다. 아무리 하찮고 볼품없는 일을 하더라도 자신이 있어야 할 자리를 떠나지 않습니다. 그렇기에 오히려 조금씩 '티'가 나기 시작합니다. 비록 시간은 걸리겠지만, 그들을 좋아하고 존경하는 마음이 사방으로 퍼져나가겠지요!

큰손, 주류, 가진 자, 배부른 자, 우등생 등등 내가 서 있는 줄의 맨 앞의 사람들을 부러워할 필요는 없습니다. 그들은 가진 게 많은 만큼 근심도 가득 안고 살아갑니다. 그들을 보며 부러워할 게 아니라 바로 내 옆에 누가 있는지 눈길을 돌려볼 것을 저는 꼬~옥 말씀드리고 싶습니다.

항상 덤으로 챙겨주시는 우리 동네 식당 사장님, 물건 값 잘 깎아주시는 구멍가게 아저씨, 친절한 세탁소 사장님, 공부는 못해도 내게 웃음을 주는 학교 친구들……. 바로 우리의 소중한 이웃들입니다. 앞으로는 이들이 존경받는 세상이 될 것입니다.

이웃에 박하게 살지 말아야겠지요. 뭔가 바라는 게 있을 때에도 너무 큰 것에 목숨 걸지 않기 바랍니다. 너무 멀리에 있어 도달할 수 있을지조차 모르는 '행복의 나라'보다는 지금 내 곁에 있는 소소한 행복들을 차곡차곡 쌓아가는 게 훨씬 소중할 것입니다. 자기 일에 성실하고 이웃에게 친절한 사람들이 우리의 행복을 만들어주고, 우리가 사는 세상을 떠받쳐줄 것입니다.

세상을 거머쥐는 가장 단순한 원리

세상은 발전을 거듭한 나머지 이전에는 생각지도 못했던 수많은 일들이 새롭게 생기고 있습니다. 덩달아 더 새롭고 좋은 것을 만들기 위한 전문적인 지식이 다양한 방면에서 요구되고 있지요. 이제 혼자 할 수 있는 일은 아무것도 없습니다. 수백, 수천 명이 가진 다양한 전문성이 사람들이 살아가는 데 꼭 필요한 세상이 된 것이지요.

아이들 교육도 마찬가지입니다. 아이들에게는 영원한 덕목인 '공부 잘하는 것'의 가치는 앞으로도 변함이 없겠지요. 하지만, 공부 이외에 내가 잘할 수 있는 '특출한 능력'의 중요성도 이제는 무시할 수 없게 되었습니다. 공부를 잘하는 것만큼이나 각자의 개성을 살리는 것이 중요하게 되었습니다. 그와 동시에 '화려한 것'만을 추구하는 세상도 빨리 사라져가고 있습니다.

아이들에게 삶의 목표가 무어냐고 물어보면, 다소 추상적이기는 하지만 '내가 하고 싶은 일을 하고, 그를 위해 돈을 많이 버는 것'이라고 대답하는 게 요즘 현실입니다. 이미 학교 현장에서는 선생님이나 어른들에게는 주목받지 못해도 친구들을 아끼고, 자신의 뚜렷한 개성을 가진 학생들이 친구들에게 인기가 있는 세상이 되었습니다.

공부에 '올인' 하건, 아니면 자기만의 개성을 지니건, 갑작스레 우등생이나 특출한 사람이 될 수는 없습니다. 모든 게 다 시간의 마술에 의존하지요. '공부를 열심히 했더니 어느 날 갑자기 선교 1등이 되었더라'는 사람 있으면 나와 보라고 하세요. 그런 학생 절대 없습니다. 아니, 가끔은 있을 수도 있지요. 하지만 명백한 사기(?)입니다. 왜냐? 열심히 했다는 데에는 '시간'이 감추어져 있기 때문이지요.

좀 더 여유를 갖고 아이들을 대했으면 좋겠습니다. 세상이 바뀌어 앞으로는 거의 대다수 아이들이 그냥 평범하게 삽니다. 단, 전문화된 세상에서 살게 되겠지요. 이제는 '국민교육헌장'이나 '국기에 대한 맹세'를 복창하며 애국심에 뭉클해하던 시대가 아닙니다. '대~한민국'을 외치며 내 삶을 즐기고 몰입하면서 '내가 사는 세상'에 열광하는 시대이지요! 지금껏 우리가 경험했던 세상은 리더가 어린 백성을 이끄는 톱다운top-down의 세상이었지만, 앞으로는 대다수 보통 사람이 공동으로 세상을 이끄는 보텀업bottom-up의 세상이 될 것입니다.

돈을 벌기 위해, 우등생이 되기 위해, 또 성공한 사람이 되기 위해서라도 지금 내 능력으로 할 수 있는 아주 조그만 일부터 차근차근 최선을 다해보라고 아이들에게 귀띔해주세요. 그러면서 시간이란 친구를 사귀라고도 일러주세요. 공부를 시키더라도 조금씩 성적이 오르는 기쁨을 아이들이 느낄 수 있어야겠지요. 부모님이 그러한 분위기를 잡아주는 건 어떨까요?

내 마음에 드는 일이 생기면 그것을 위해 최선을 다해 노력하는 것! 세상을 거머쥐는 가장 단순한 원리인 것 같습니다. 부모님들이 늘 이야기하는 '공부의 목적'도 결국 이와 같을 것입니다. 평소 아이들에게 입이 닳도록 말씀하시잖아요?

"너희들이 원하는 걸 얻기 위해서라도 정말 열심히 공부해야 돼!"

다만, 아이가 원하는 것을 이루는 과정과 학교 공부의 목적이 간혹 일치하지 않기 때문에 문제이지요.

이웃과 더불어 사는 것의 소중함

나이가 그리 들지 않았는데도 얼떨결에 제자 한 친구의 주례를 맡은 이래로 벌써 몇 번이나 주례를 보았습니다. 누구는 해주고 누구는 안 해줄 수 없는 난감함으로 어쩔 수 없이 주례를 서곤 하지만 송구스럽기 짝이 없지요. 그래서 주례사를 준비할 때는 살면서 느낀 점을 진솔하게, 결혼하는 두 분에게 도움이 되는 이야기를 해주려고 애쓰고 있습니다. 그런데, 참 어렵지요. 일전에도 주례를 보러 부산에 다녀왔는데, 내려가는 길 내도록 고민한 끝에 '더불어 사는 삶의 소중함'에 대해 이야기해주었습니다.

아이들을 키우면서 반드시 깨우쳐주어야 할 가치 중 하나가 '이웃의 소중함'입니다. 단도직입적으로 말해서, 이 세상에 자수성가한 사람은 없기 때문입니다. 제아무리 잘나고 출중한 능력을 지녔더라도 그 사람의 성공은 온전히 자기가 잘나서 이룬 게 아닙니다. 그 사람을 믿고 돈을 꿔준 사람도 있을 것이고, 하다못해 그에게 밥을 사주거나 따뜻한 조언을 해준 사람도 있을 것입니다. 이런 분들의 도움이 쌓이고 쌓여 성공으로 이어진 것이니 고마운 마음을 가져야 하는 건 어쩌면 당연할 것입니다. 아이들이 꿈을 펼치고 삶을 즐기기 위해서도 그 같은 '이웃'의 도움이 절대적으로 필요합니다.

얼마 전 멋들어지게 보이스 피싱을 경험했습니다. 과제 발표가 있어 준비하고 있는데, 검찰청 특수수사과라고 하면서 전화가 왔습니다. 'OO저축은행' 혐의자로 고발되었다는 내용이었지요. 제 주민등록번호와 주소까지 알고 있어서 깜빡 속았습니다. 계좌까지 이야기하는데, 거래하지 않는 은행을 들먹이더니 피해를 막기 위해서는 지금 당장 검찰 웹사이트에 등록을 하라는 것이었습니다. 다행히도 그 순간 발표 차례가 와서 30분 후 전화하라고 말하고 끊었지요. 그리고 제가 발표할 때, 그동안 함께 일했던 직원들이 발 빠르게 경찰에 확인해주어 위기를 모면할 수 있었습니다. 난생처음 겪었던 일이라 당황했는데, 주위 분들의 도움으로 안정을 찾고 30분 후 다시 걸려왔을 때에는 '강의 톤으로' 점잖게 타이르고 말았습니다.

우리 모두는 알게 모르게 이웃의 도움을 받으며 살고 있습니다. 여기에 '보은'하려면, 평소 이웃에게 성심성의껏 대하면서 살아가야 합니다. 내 이웃은 나도 모르는 사이에 많은 도움을 주었을 것이기 때문에, 나도 같은 방법으로 이웃을 도와야 할 의무가 있지요.

그냥 이웃이나 남에게 양보하면서 산다는 마음가짐이면 될 것 같습니다. 아무런 이유 없이, 다른 사람이 욕심을 부리면 욕심 부리는 대로 다소 손해를 보면서 양보하는 것이지요. 그 손해가 나눔의 은혜를 베푼 게 되는 셈입니다. 사람이기에 실천이 어렵고 짜증나기도 하겠지만, 한 번의 노력이 두 번, 네 번, 여덟 번 쌓여가면서 언젠가는 그렇게 베푼 은혜가 다시 나의 품으로 올 것입니다.

예를 들어볼까요? 내가 선행을 베푸는 모습을 누군가가 볼 것이고, 그는 다른 사람에게 나를 칭찬할 것입니다. 이렇게 나에 대한 좋은 소문이 나면, 평판이 좋아진 만큼 자연스레 나를 도와주는 사람도 많아질 것입니다. 결코 우연으로 치부하고 말 일이 아닙니다. 나는 전혀 모르는 사람인데, '나에 대해 들어서 알고 있다'는 사람을 우리는 심심찮게 만나지 않는가요?

물론, 아이들에게 무조건 손해만 보도록 가르칠 수는 없는 노릇입니다. 그래서 아이들 가르치기는 그리 어렵나 봅니다. 누가 그러더라고요. 아이가 너무 순해도 '따' 당하고, 너무 싸워도 '따' 당하고, 저만 알아도 '따' 당하고, 너무 착해도 '따' 당한답니다.

그러므로 "네가 손해 보고 참아라."라는 말을 무작정 해서는 안 되겠지요. 단, 아이의 친구에게만큼은 괜찮을 것 같습니다. 내가 베푼 은혜가 세상을 돌고 돌아 다시 내게로 오는 현상은 친구들 사이에서 더욱 두드러질 테니까요.

존경받는 부모는
위대하다

　서울 시내 어디엔가 유명 건설회사가 지은, 아주 이상한 주상복합 아파트가 있다는 이야기를 들었습니다. 큰 평수의 집들과 작은 평수의 임대 아파트가 섞여 있다고 하네요. 다양한 계층의 문화가 어우러질 테니 좋을 법도 한데, 그럴 일이 원천봉쇄되어 있답니다. 임대 아파트는 몇 층에서 몇 층까지 집중 배치되어 있고 엘리베이터도 따로 타야 합니다. 출입구가 분리되어 있는 것은 물론 주민 커뮤니티 시설도 이용할 수 없고요. 소셜믹스가 전혀 안 되어 있는 거지요.
　물론, 그런 보도 내용을 다 믿지는 않습니다. 무언가 다른 이유와 속사정이 있겠지요. 원래 언론 기사란 게 좋은 점은 좋은 대로, 나쁜 점은 나쁜 대로 '뻥튀기'를 하는 속성이 있으니까요. 그래도 좀 심한 것 같습니다. 먼저, 회사 입장에서 꼭 그렇게 가진 자와 보통 사람들을 '얼굴도 안 마주치게' 해주는 게 입주자에 대한 배려일까요? 큰 집에 사실 분들은 그렇게라도 해서 특권의식을 느끼고 싶은지도 물어보고 싶습니다.

세상이 아름다워지려면 내가 먼저 아름다워야 한다

우리는 아이들에게 흔히 '에티켓과 품위를 지켜야 한다'고 가르칩니다. 물론 본인 스스로는 품위를 지키고 있다고 믿고 있지요. 거리에서 상식 이하의 행동을 하는 사람들을 보면 아주 자연스럽게 '못 배운 놈들!', '예의도 모르는 무식한 것들'이라며 중얼거립니다. 체면이 있고 상대방에게 욕먹을까봐 대놓고 표현하지는 못해도, 그런 사람들을 보면서 아이들에게도 주의를 주곤 하지요.

"저렇게 살지 말아야 한다. 못 배워서 그런 거니까."

"저러니까 사람은 배워야 하고 돈도 많이 벌어야 되는 거야."

이런 말을 거침없이 하는 데에는, 그들보다 한없이 우월한 자신에 대한 자기과시가 도사리고 있을지도 모르겠습니다.

하지만 참 슬픈 것은, 그렇게도 많이 배웠고 편히 사는 우리들 스스로가 평소에 경멸해 왔던 일들을 온연중에 하고 또 원한다는 사실입니다. 앞에서 말한 '이상한 아파트'에서 일어난 일의 중심에 바로 우리가 있습니다. 자신에 대해서는 애써 모른 척하면서도 남 일에는 흥분까지 해가며 비난합니다. 길거리에서 공중도덕조차 못 지키는 건 바로 나와 우리 아이들 이야기인데요.

스스로가 만든 이분법 속에 빠져 내 허울을 보지 못한다면 우리는 좋은 부모가 되기 어려울 것입니다.

이렇게 말하는 저 또한 한참 멀었습니다. 남들 앞에서는 교육자라고 으스대며, 명문대학 교수로서 교양 있고 품위 있게 행동하지요. 그런데 남들이 제가 교수라는 걸 모를 때는, 그냥 별짓 다 하고 삽니다. 개똥을 치우지 않고 도망칠 때도 있고, 교묘히 쓰레기 버리기, 남이 끼어드는 건 못 참아도 제 운전 실력을 뽐내며 능숙하게 끼어들기, 육두문자가 섞인 욕지거리를 하는 일도 있습니다. 심지어는 식당에서 몇 백 원 가지고 종업원과 열심히 싸운 적도 있습니다. 웃긴 것은, 제가 아닌 남들이 그런 몰상식한 행동을 할 때는 '사회 지도층' 자격으로 꼭 한마디씩 한다는 점이지요!

존경의 마음은 '존경받는 사람'이 느끼는 게 아닙니다. 그 사람의 행동과 생각을 보고 주위 사람들이 자발적으로 느껴야 진정 존경받는 사람이 될 것입니다. 그런데 웬걸요! 요즘 세상은 내 스스로를 존경하는 사람들이 참 많습니다. 본인이 생각하기에도 참 열심히, 나쁜 짓 안 하고 잘살았나 봅니다. 그러다 보니 자신을 존경하지 않는 겸손한 사람들조차 오히려 이상한 사람으로 보이게 됩니다.

올바르게 살기 위해 열심히 노력해야 하겠지만, 그 노력은 세상을 이끌고 남에게 보여주기 위함이 아닌 내 스스로를 바로잡기 위한 것이어야 합니다. 어느 특출한 누군가가 세상을 이끌어갈 수 있는 시대가 아닙니다. 세상을 만드는 사람은 리더가 아니고 우리 자신들입니다! 세상이 아름다워지려면 우리가 먼저 아름답게 변해야 합니다.

내 자신의 부족한 점을 조금씩 고쳐나가고, 또 우리 아이들이 그릇된 가치관과 생활 습관을 가지지 않도록 부모님은 나날이 나아지는 모습을 보여야 하겠지요. 말로써가 아니라 행동으로요.

아이들에게 세상을 좋게 보는 습관을 들이는 것도 대단히 중요할 것 같습니다. 부모가 부정적이면 아이도 부정적이 되기 쉽습니다. 좋은 것만을 보여주면서 살라는 의미가 아닙니다. 아무리 흉한 것을 보더라도 '그 또한 세상을 이루는 한 요소다'라는 사실의 속뜻을 살필 수 있는 아이로 기를 수 있다면 좋겠습니다. 세상이 그렇기 때문에 나도 그럴 수밖에 없다, 라는 수동적 태도에서 '그럼에도 불구하고 나는 내가 생각하는 바른 길을 걷겠다'라는 능동적이고 긍정적인 태도를 지닐 수 있어야겠지요.

얼마 전 원로 교수님과 함께 식사를 했습니다. 제가 여쭈었지요.

"왜? 사람들이 그렇게 괴롭히는지 모르겠어요! 자기들은 안 그러면서 왜 남에게는 훨씬 엄격한 잣대를 들이대는지……."

저는 주절주절 평소의 불만을 늘어놓았지요. 한참 듣고 계시던 교수님은 빙긋이 웃으시며 이렇게 말씀하십니다.

"남은 당신 욕하면서 고민 안 해! 왜냐면 기본적으로 당신 삶에 관심이 없거든. 그냥 그렇게 말하는 게 그 사람들 입장에서는 재미있고 좋을 뿐이지. 오히려, 당신만이 그렇게 욕하는 남을 신경 쓰는 거고."

교수님 말씀이 옳았습니다. 내가 떳떳하면 그뿐일 텐데, 저의 불만은 제 스스로 만든 걱정거리에서 나온 거였으니까요. 교수님은 그 같은 불만에 흔들리지 않는 방법도 일러주셨지요.

"당신이 옳다고 생각하면 그냥 그대로 해. 사람들은 몇 번 욕을 하고 낙인을 찍고 나면 더는 재미가 없어져서 신경을 안 쓸 테니까. 그때부터 열심히 자기가 원하는 것을 하는 거야."

이런 식견을 가진 교수님이 제 곁에 계신다는 게 정말로 고마웠습니다. 막연히 알고는 있었어도 구체적으로 어떻게 하면 좋을지 몰라 힘들어할 때 교수님은 저를 바로잡아주셨습니다. 저 또한 우리 아이들에게 이런 식의 깨침을 줄 지혜가 있다면 얼마나 좋을까요.

마지막으로, 교수님은 이렇게도 말씀하셨지요.

"하늘에다가 죄를 안 짓는 게 더 중요하지."

내가 생각하는 인생 최고의 성공

저의 삶은 적어도 지금까지는 성공한 편에 속합니다. 오히려, 이제껏 저만을 위해 열심히 살아왔으니 외형적으로는 과분할 따름이지요.

그런데, 돌이켜보면 세월의 긴 흐름 속에서 제가 계속 변해 왔다는 사실을 느낄 수 있었습니다.

첫째, 꿈이 점점 작아지면서 현실과 타협하려는 나

둘째, 몇 년 후의 목표를 바라보며 살다가 몇 달 후의 목표를 성취하기 위해 노력하는 나

셋째, 오늘 하루를 열심히 살아가기를 바라는 나

저의 아주 어렸을 때의 꿈은 장군, 그 다음부터는 쭈~욱 의사였습니다. 플라스틱 철모를 쓰고 장총 놀이를 하는 걸 참 좋아했는데, 초등학교 2학년 때 병에 걸려 거의 한 학기 내내 병원 신세를 진 것이 의사의 꿈을 품게 된 계기였습니다. 한 달 동안 입원해 있으면서 왕초의사선생님, 형 같은 수련의 선생님, 그리고 친절하고 예뻤던 간호사 누나들을 만나 그 꿈을 더욱 키웠지요.

이후 저는 의학(?)에 심취하게 되었습니다. 빨간색의 두꺼운 가정의학 백과를 심심할 때마다 혼자서 몇 번이곤 읽었지요. 내용이 정말 재미있었고 제게도 딱 맞는 직업이라 생각했습니다. 병원에서 간호사 누나들에게 얻은 주사기나 빈 링거 병을 소중히 간직했고, 박카스 맛을 보며 그 효능을 음미해보기도 했습니다. 오죽하면 아버지가 돌아가실 적에 '훌륭한 법관이 되라'며 유언처럼 말씀하셨을 때조차 좋은 의사가 되겠노라고 대답했을까요.

그러다가 고등학교 때 사춘기를 심하게 겪고 '추락'을 경험하면시

꿈이 조금씩 변화했지요. 현실과 타협하기 시작합니다. 의사가 되고는 싶지만 의대 가기가 힘들 것 같다는 생각을 하게 된 거였지요.

그 대안책으로 생물학과를 염두에 두었고, 담임선생님과 상의한 끝에 수의과 대학으로 진로를 정했습니다. 뭐, 결과적으로는 거의 엇비슷하지요.

대학교 때는 신나게 놀았습니다. 그때까지의 고생은 생각조차 하기 싫었고 머릿속도 복잡했기 때문이었습니다. 어렸을 때 가졌던 '의사가 되겠다!'는 목적의식이 수의사로 바뀐 것까지는 좋았지요. 전공 공부 자체도 재미는 있는 것 같은데, 남에게 의학 분야 공부한다는 이야기를 듣는 게 좋을 뿐 실제로는 공부와 그리 친하지 않았습니다.

하릴없이 앞날에 대한 걱정만이 가득했지요. 그래서 실컷 고민하다가 직장에 취직해서 평범하게 살아가겠다고 결심하게 됩니다. 그러다가 지금의 착한 아내 만나서 4학년 졸업하기 전에 취직했지요. 이후 몇 개월 만에 회사를 뛰쳐나와 다시 공부를 시작해 지금에 이르렀습니다.

대학원에서는 제가 원하던 전공을 선택하기는 했는데, 학부 때 너무 놀아서 기초가 많이 부족했습니다. 동시에 제가 원하는 공부와는 조금 동떨어진 연구를 하는 생활이 싫증나기 시작했지요. 그래서 어떻게 하면 이 상황을 벗어날까 궁리하다가 우연히 일본 국비 교환학생 모집공고를 보게 되었고, 대학원을 자퇴하면서 유학을 가게 되었지요. 요즘 제가 야단치는 '임기응변' 하는 학생 꼴이었습니다.

일본에 갈 때 처음 목표는 어떻게 하면 일본말을 잘 알아듣는가! 하는 점이었습니다. 언어에 익숙해진 다음에는 어떻게 하면 석사학위를 빨리 받느냐! 또 그 다음에는 박사를 어떻게 하면 빨리 받느냐! 미국 '포닥postdoctoral researcher'을 어떻게 하면 가느냐! 등등의 고민이 연속적으로 다가왔고, 차례차례 극복해 여기까지 온 것이었지요.

아이들에게는 지금도 침 튀겨가면서 자신의 적성을 찾아야 한다고 언성을 높이지만, 제 경우는 살다 보니까 그 일이 좋아져서 지금의 삶을 찾은 것 같습니다.

맨 처음에 좋아하던 것이 그때그때 상황에 맞게 조금씩 변해온 것이지요. 꿈과는 별도로 제가 하는 일에서 편안함과 만족을 느끼게 되었고, 또 그 일을 열심히 파고들다 보니까 '무언가를 이루었다'라는 정도로 정리되는 듯합니다. 지금의 이 길이 어릴 때의 꿈과 비스무리하다는 게 제게는 행운인 셈이지요.

몇 년 전부터 인생에서 정말 중요하고 가치 있는 삶은 무엇일까에 대해 생각해보고 있습니다. 이는 곧 '내 삶에서 가장 큰 덕목은 무엇일까'에 대한 물음이기도 하지요.

그래서 내린 결론은?

'죽기 전에 자식들에게 존경한다는 말을 들어보자.'

이 정도면 적어도 잘못 산 삶은 아니라는 생각이 들었습니다. 죽을 때 외롭다는 생각도 조금만 들 것 같고요.

돌아가신 아버지의 경우를 보더라도, 존경받는 아버지는 자식의 마음속에 영원히 남아 계시더라구요! 내 자식과 영혼을 함께할 수 있으니 아이들에게도 세상 그 무엇과도 비교할 수 없는 소중한 유산이 되겠지요. 그러하니 내 아이에게 '존경받는 아버지'야말로 인생 최고의 성공일 것입니다.

하루를 맘 편하게 생각할 수 있는 삶이 얼마나 소중한지를 이제는 알 것 같습니다. 오늘 하루하루를 성실하게, 또 이웃에 덕을 쌓고 살면서 '존경받는 아버지'의 꿈을 이루고 싶습니다. 하루의 자그마한 삶과 아주 조금의 만족감이 세상의 그 어떤 명예, 권력, 재산보다 소중히 느껴진다는 게 삶의 신비가 아닐까요?

원대한 목표, 내가 원하는 삶도 중요하겠지만, 그냥 오늘 하루를 열심히 잘사는 게 엄청난 행복이라는 이야기를 아이들과 제 자식들에게 해주고 싶습니다. 오늘에 만족하는 삶이야말로 바로 내 꿈이 이루어지는 삶이라고 이야기해주고 싶습니다.

이러한 마음가짐은 '자식에게 존경받는 아버지'가 되기 위한 제일 중요한 덕목일 것 같습니다. 삶은 실타래처럼 얽혀 있겠지만, 눈을 크게 뜨고 마음을 활짝 열어 한 올씩 차근차근 풀어가는 가운데 우리는 저마다의 꿈을 이루게 될 것입니다.

아버지가 제게 그렇게 가르치셨고, 교수로 살면서도 그렇게 느끼고 있지만, 저는 여전히 '내가 생각하는 이상적인 삶'을 살아가지 못하고 있습니다. 그래도 저는 이런 삶에 만족할 것입니다. 아이들에게도 그런 생각과 부족함을 그대로 내보일 것이고요. 그렇게 살아가다 보면 어느새 내가 행복해지고, 아이들 또한 행복해지는 길에 다다르게 될 거라고 믿고 싶습니다.

모자라면 모자란 대로
넘치면 넘치는 대로
아이들과 삶을 나누면서
오늘 하루를 살아가고 싶습니다. ♣

에필로그

아이와 함께
뒹구는 삶을 위하여

어떤 한 아이가 있습니다.

사춘기가 한창인 그냥 평범한 아이입니다. 부모님의 잔소리가 질색이지만 아버지 호통 한 번이면 찍소리 못 하는, 그러다가도 응석을 부리며 엄마 침대 속으로 쏙 들어가는 그런 아이입니다. 다른 부모처럼 공부를 강요하지 않는 엄마 아빠가 아이는 참 좋습니다.

그래도 명색이 사춘기인지라 공부보다 딴짓이 자꾸 하고 싶어집니다. 왜 이리 궁금한 것이 많고 인생이 복잡한지, 머릿속에는 잡생각만이 가득합니다. 그러다 보니 성적은 곤두박질치지만, 공부를 할 마음은 여전히 없고 애꿎은 머리 탓만 합니다. 성적은 더욱 바닥으로 향하고 이제는 노는 것도, 공부하는 것도, 그리고 생각하는 것이나 자신감도 몽땅 사라져버렸습니다. 그저 부모님과 주위의 눈치만 보고 삽니다. 아이는 미안함, 짜증, 고민, 불안감 같은 생각들이 남들에게 들킬까봐 마음속에 꼭꼭 가두어둡니다.

어떤 한 아이가 있습니다.

지금까지 반에서 한 번도 일등을 놓친 적이 없습니다. 부모님도 적극적으로 도와주십니다. 과외, 적성개발 프로그램, 영재교육, 심지어는 유명인과의 멘토링 등 어떤 노력도 아끼지 않으시지요.

그런데, 그렇게 앞서나가던 아이는 사춘기가 되면서 부모님이 버겁게 느껴지기 시작합니다. 옛날에는 반에서 일등 하면 부모님에게 칭찬받곤 했는데, 요즘은 전교 5등 안에 들어도 핀잔만 듣습니다. 그러다 보니 점점 자신이 없어지고, 아빠 엄마에 대한 불만이 고개를 내밉니다. 잠시도 쉴 틈을 주지 않는 부모님이 야속하지만 대들 생각은 못합니다. "공부만 열심히 해서 성공하면 다 보상받을 거야!"라고 말씀하실 게 뻔하지요. 부모님께 그런 생각을 하는 것 자체가 죄송스럽기도 하고요. 아이는 미안함, 짜증, 고민, 불안감 같은 생각들이 남들에게 들킬까봐 마음속에 꼭꼭 가두어둡니다.

어떤 한 아이가 있습니다.

특별한 것이 없는 아이입니다. 아버지는 일찍 돌아가셨고, 엄마는 생계를 돌보기 위해 시장에서 힘들게 장사를 하십니다. 새벽 일찍부터 밤늦게까지 일하시는 엄마가 안쓰럽고 불쌍합니다. 아이는 그런 엄마에게 조금이라도 좋은 모습을 보이고 싶었습니다. 열심히 학교생활을 했고, 선생님께도 인정받고자 최선을 다하고 있습니다.

그런데, 다른 아이들은 그 아이의 이런 모습을 '나대는' 것으로 여깁니다. 급기야는 '꼴도 보기 싫다'며 또래 그룹에 끼어주지 않고 재수 없다며 '따'를 시킵니다. 공부도 못하면서 선생님께 아부만 하는 '찌질이' 취급을 하지요. 아이는 모든 게 미웠고, 세상에는 온통 자신을 따돌리는 '야속한 사람들'뿐인 것처럼 보입니다. 집에서도 아무 소리 못하고 선생님께 계속 칭찬받는다는 둥 거짓말만 합니다. 아이는 미안함, 짜증, 고민, 불안감 같은 생각들이 남들에게 들킬까봐 마음속에 꼭꼭 가두어둡니다.

이 세 명의 아이들에게 공통적으로 생겨난 마음의 병은 '고독'입니다. 아무 말도 못 하고 모든 것을 숨기고 있으니 정말 외롭습니다. 겉보기에는 멀쩡할 수도 있지요. 어쩌면 그저 '이상한 아이'로 보일지도 모르겠습니다. 어느새 자신감도 증발해버렸습니다. 결국 또래 아이들로부터 스스로 벗어나, 외로운 사람으로 살아가고 맙니다.

그나마 답답한 마음을 하소연하고 위안을 얻을 공간이 바로 인터넷입니다. 그곳은 세상에 지친 아이들이 숨어 지내기에 딱 좋습니다. 잘하면 '이상적인 나'로 거듭날 수도 있지요. 파워 블로거로 변신해 세상의 부정을 꾸짖는 정의의 사도가 되는 것도 그리 어렵지 않습니다. 하지만, 실체는 없습니다. 졸지에 '살아 있는 생물'에서 '가상의 아바타'가 되어버립니다.

이런 몇몇 아이들의 경우가 모두를 대표하지는 않겠지요. 아이들을 둘러싼 수없이 많은 환경은 셀 수 없을 정도의 다양한 반응을 낳습니다. 다만, 한 가지 확실한 것은 마음이 쓸쓸한 아이들은 외로움을 느끼지 않는 쪽으로 가고 싶어 한다는 것이지요. 그것이 인터넷이든 아니면 부모의 따뜻한 손길이든 상관하지 않습니다.

제가 전공하고 있는 학문은 줄기세포 분야입니다.

줄기세포는 스스로 자랄 수도 있지만, 특정한 조건과 환경이 주어지면 다른 세포로 바뀌어버리는 신통한 능력을 가졌지요. 그 능력은 정말 대단해서 우리 몸을 구성하는 거의 모든 세포로 자신을 바꿀 수 있습니다. 심지어 우리의 생명을 위협하는 암세포로도 변할 수 있지요. 그렇게 변화하는 데에는 자신의 능력도 중요하지만, 세포 주위를 둘러싼 환경이 절대적인 영향을 미칩니다.

세상 모든 아이들의 능력은 똑같다는 말씀을 꼭 드리고 싶습니다. 아이들의 능력이 다르게 보일 수밖에 없는 이유는 아이를 둘러싼 주위 환경이 다르기 때문이지요. 아이들은 어떤 환경에서는 '뛰어난 능력'을 만들어낼 수도 있고, 또 어떤 환경에서는 전혀 다른 능력을 나타내기도 합니다.

하지만, 이제껏 우리 사회는 그 같은 다양성을 무시해 왔습니다. 오로지 공부하는 능력만으로 아이들의 모든 것을 평가했지요. 세상이 시시각각으로 변해 공부만 갈한다고 해서 성공한 삶을 사는 게 아닌데도, 내 아이의 뛰어난 능력은 묶어둔 채 공부만을 강요해 왔습니다.

애당초 아이들의 능력이 모두 똑같다면 아이들에게 '이것만 잘해도 행복해지는' 여러 덕목과 환경을 만들어주면 어떨까요? 그 가짓수가 많으면 많을수록 자신의 꿈을 이루는 아이들은 늘어날 것입니다.

이제는 '백 명 중 한 명의 일등'이 필요한 세상이 아니라, '백 명의 일등'이 꼭 있어야만 하는 세상으로 접어들고 있습니다. 아니, 너무나 다양하게 변하는 지금의 세상에서는 천 가지, 만 가지 분야에서 뛰어난 사람을 필요로 할지 모릅니다. 우리 아이가 무엇에 관심을 가지건 세상은 그것을 다 받아들일 준비가 되어 있다는 사실을 부모님들께서 꼭 믿어주셨으면 좋겠습니다.

아이가 세상을 준비할 때 가장 중요한 것은 주위 환경과 무언가를 '주고받기' 하는 일입니다. 줄기세포처럼요. 부모님, 형제자매, 그리고 이웃 모두와의 소통과 나눔이 꼭 필요합니다. 그중에서도 특히, 아버지는 아이의 생각이 마음에 들건 아니건, 윤리적으로 문제가 없다면 그것을 모두 받아들여주는 역할을 할 수 있어야 합니다. 엄마로서는 도저히 감당이 안 되는 일이지요. 이렇듯 아버지와 아이가 서로 인정하는 것이야말로 소통과 나눔의 첫걸음입니다.

아이들의 속마음은 겉보기와 무척 다르다는 점을 기억하셔야 할 것 같습니다. 우리 집 큰 녀석도 중학교 때 '공부를 하겠다'며 다닌 독서실에서 만화만 보았답니다. 대학생이 될 때까지 감쪽같이 속았습니다. '아이들을 믿지 말라'는 이야기는 아니지만, 아이들은 가끔씩 부모님의 머리 위에 있습니다.

마지막으로, 하나만 더 말씀드리겠습니다. 두세 가지 일을 다 잘하는 아이는 한 가지 일만 잘하는 아이를 넘어서기 어려운 법입니다. 능력이 같은 상황에서 몇 가지 일을 하는 아이는 각각의 일을 잘할 수 있는 능력이 2분의 1, 3분의 1로 줄기 때문이지요. 문제는, 내 아이가 가장 잘할 수 있는 그 한 가지를 '찾아주는 것'이지요.

바로 그 한 가지를 엿보기 위해 부모님들은 아이들과 싸우고, 뒹굴고, 함께 있어야만 합니다. 부모님의 인내가 꼭 필요할 것입니다.

아이의 능력과 특기를 찾아준다는 것은, 아이가 여러 가지 일들을 하며 스스로 자신의 특기를 알아차리게 해준다는 의미입니다. 내가 생각하는 것과 아이들의 생각이 '동격'이 되어야 하고, 아이들과 마음으로 만나야 그것을 엿볼 수 있지요. 여기에는 어떤 테크닉도 필요하지 않지만, 아이가 뭔가를 바랄 때 부모는 그것을 줄 수 있는 인접한 '세포'가 되어야 합니다.

아이와 함께 '뒹구는 삶'이 좋은 아버지의 가장 중요한 덕목이 아닐까 싶습니다. 일요일 아침 늦도록 주무시다가, 오늘 하루는 뭘 하며 즐겁게 보낼지 아이와 함께 뒹굴면서 찾아보시면 어떨까요?

사랑에 서툰 아버지들을 위한 아버지다움 공부!
좋은 아버지 수업

초판 1쇄 발행일 | 2012년 8월 17일
초판 7쇄 발행일 | 2020년 10월 30일

지은이 | 임정묵
펴낸이 | 이우희
펴낸곳 | 도서출판 좋은날들

출판등록 | 제2011-000196호
등록일자 | 2010년 9월 9일
일원화공급처 | (주) 북새통
(03938) 서울시 마포구 월드컵로36길 18 902호
전화 | 02-338-7270 · 팩스 | 02-338-7160
디자인 | su:
이메일 | igooddays@naver.com

copyright ⓒ 임정묵, 2012
ISBN 978-89-965123-8-7 13590

* 값은 뒤표지에 있습니다.
* 잘못 만들어진 책은 서점에서 바꾸어드립니다.